社長の人事でつぶれる会社、伸びる会社

樋口弘和

GENTOSHA

はじめに
～中小企業経営者に贈る「人事の本質」～

私は従業員数80名程度の、小さな会社の社長です。

創業して11年が経ち、社員の努力もあって、直近の3年で売上3倍もの規模に急成長してきました。

しかし、世界同時不況の襲来などで物事の価値観が大きく変わろうとしている今、本書を手に取ってくださった多くのみなさんと同じように、会社の舵取《かじと》りに必死の毎日です。受注活動や顧客満足を守る仕事も大切ですし、資金調達にも気を遣《つか》います。

私の仕事は人事コンサルタントと呼ばれるもので、企業の経営者や人事担当者を相手に社員の採用・育成のサポートをしています。ただ、私自身は「人事コンサルタント」という名称が好きではありません。なぜなら経営者による人事というものは、知識やスキルがあるだけの専門家には到底理解することのできない分野だと思うからです。

経営者は顧客と社員を守りながら、結果として収益を上げるために経営をしています。すべての人事施策は常にトレードオフの関係にあり、輝かしい成果を上げる社員がいる一方では、会社を去る社員がいることもまた事実です。経営者は常にこうした陰の部分を理解しながら、一つ一つの判断を行っているわけですが、自ら経営したことのないコンサルタントには、このことが理解できません。

私自身、以前は大企業の人事責任者を務めていたのですが、実際の経営をやってみるとサラリーマン時代に経験したことのほとんどが役に立たず、またこれまで、「人事の本質」を教えてくれるような書籍にもついぞ巡り合えませんでした。

私が創業以来の11年で、多くの失敗を重ねながら学んできたことは、次のようなことです。

・人事制度は、その背景に理念とビジョンがなければ無用の長物である。
・社員全員のモチベーションを高めようとするのは無意味である。そんなことをしていると、管理職とエース社員が疲弊してしまう。

・中小企業の組織とは、人を喰って成長していくもの。だから幹部まで成長する社員がいる一方で、一定の割合で離職や心の病がどうしても起こってしまう。
・経験者の採用（中途採用）は常に賞味期限との戦いなので、いつ辞めるかを見極めながら行う必要がある。
・中途採用は、本人が今までの職歴や経歴にこだわらず、新たな分野に挑戦できる人であれば成長が期待できる。
・新卒採用者は基礎能力が高いので、３年目に花開き、以後驚異的な成長を見せる。
・人が人を育てることはできない。人材育成とは、会社側が本人の能力を超えるやりがいのある仕事を与え続けることであり、研修とは心に火をつけるきっかけにしかすぎない。

本書では、私自身の成功と失敗から学んだ「社長のための人事」の本質を公開することで、中小企業経営者のみなさんのお役に立ちたいと思っています。

私自身、まだまだ日々勉強中の毎日であり、未完成なところがたくさんありますが、悩み多いみなさんの経営に少しでもお役に立てれば本望です。

社長の人事でつぶれる会社、伸びる会社　目次

2章 Aクラス社員の選別と育成

3章 女性が活躍する会社は伸びる

4章 崩壊寸前の管理職を救う会社の仕組み

5章 後継者の選び方、育て方

装幀　石間淳
本文デザイン＋DTP　美創
編集協力　神山典士（ザ・バザール）

1章

5年後の企業力に差がつく採用

会社を伸ばす採用　10の鉄則

・鉄則・
6
両親との面談で、
子供のポテンシャルを確認せよ

・鉄則・
7
中途採用は「いつまでもつか」の
予測が肝心

・鉄則・
8
「経験者優遇」の中途採用では
優秀な人が集まらない

・鉄則・
9
新卒採用は２チーム体制で臨め

・鉄則・
10
できる営業部長に人事部を
２、３年任せてみる

鉄則 1
新人をかまって育てる時代は過ぎた

鉄則 2
新卒採用をやめると5年後にツケがくる

鉄則 3
活躍している社員の1.3倍優秀な新人を採る

鉄則 4
面接で志望動機を訊くのは時間のムダ

鉄則 5
社長面接では「口説き」に徹する

・鉄則・1

新人をかまって育てる時代は過ぎた

変化の時代だからこそ社員力が問われる

未曾有《みぞう》の世界同時不況に突入している日本社会において、企業の中では様々な分野の事業戦略が見直されました。人事戦略もその一つです。2008年からわずか1年の間で、これまでにない大きな変化が起こったのです。

ここ数年、大学や専門学校を卒業して新たに社会に出てきた新入社員たちの実態は、様々な論調で語られてきました。06年頃から08年まで続いた売り手市場の新卒採用を背景に、社会に対するわがままや認識不足を持ったままの若者たちは、**自分の希望がかなわないとすぐに転職という手段を選ぶ**ようになりました。

同時に、この頃に活況を呈《てい》した人材紹介会社からの接触も増え、入社直後から「もっといい条件の会社へ」というステップアップ（という名の幻想）を考える新人が、少なからずいたのです。

さらに、人事関連のビジネス書のタイトルには「新人が劇的に成長するための方法」「折れない新人社員の育て方」「新人の躾《しつけ》」「マナー以前の社会人の常識」といった言葉が並ぶようになります。

これらの言葉からは、**昨今の新入社員たちが社会人としていかに未熟か**、ということが見て取れます。社会に対するわがままや認識不足を企業がフォローし、入社2、3年目まではかまってあげながら我慢して社会人の常識を教える期間、と覚悟しなければならない時代だったのです。

ところが、08年秋のリーマンショックから世界同時不況へ突入したことで、一転、**人材マネジメントの優先順位も方法論も大きく変わってきた**のです。

現在、経営者の立場にある方は、若者を「かまって」あげて「育成する」なんて、企業の現状からありえないと感じていることでしょう。その一方で、この不況を生き抜き、中・長期的に企業を成長させるのは「やはり人次第だな」とも実感しているはずです。

企業が期待する人物像も変わってきました。高度成長期のような時代には、真面目で責任感のある人材が企業にとって必要でした。自ら考える力は少々不足していても、与えられた仕事を完遂する力さえあれば、充分戦力になったのです。むしろそういう人物こそ、企業に望まれていたとも言えます。

ところが現在のような変化の時代には、1年前、いや1カ月前の仕事のやり方さえも常に見直さなくてはなりません。それぐらい、顧客のニーズや市場環境がどんどん変わっていくのです。

こういう時代に最も頼りになるのは、**自らの頭で考えて、柔軟に市場に適応しようとする人材**です。以前ならばこうした人材が学生全体の20％ほどはいたはずですが、現在ではおそらく5％程度しかいないのではないか、というのが私の実感です。

若者の未熟化自体は、いつの時代も言われていることかもしれません。しかし、入社後数年で戦力化することが求められる現在においては、彼らの採用と育成は経営に直結する課題になってきています。

●「低温世代」の学生はなぜボランティアに走るのか

長い間企業の採用現場で活動してきた私から見て、昨今の若者たちの未熟ぶりは目に余るものがあります。

09年1月に上梓《じょうし》した『新入社員はなぜ「期待はずれ」なのか』（光文社新書）では、未熟な若者たちと、企業が望む人材像とのズレを分析しました。「期待はずれ」の最も大きな要因は、戦力化を急ぐ企業側の期待が大きすぎることです。また、バブル崩壊以降の景気低迷期に育った若者たちから、意欲や向上心が減退してしまったことにも原因があると考えています。

ある新聞で、バブルを知らない20代～30代前半の若者を「低温世代」と名づけていました。彼らの特徴として、**過度な物欲や向上心を持たず、身の丈に合った消費活動で満足する**傾向があるそうです。

私はこの記事を目にして、最近の学生たちの活動が、ボランティア活動に偏重していることもその表れだと思い当たりました。

「発展途上国で、小学校を作るプログラムに参加してきました」
「日本中の被災地を廻《まわ》って生活支援をしてきました」
「高齢者ホームで介助のボランティア活動をしてきました」

など、就職活動の中で誇らしげに美談を語る学生が多いのです。

彼らは社会貢献活動にとても価値があると考えており、さらにそれが就職活動に大変有利であると思い込んでいるフシがあります。中には、就職活動のためにこうした活動を行う本末転倒の学生もいるようです。

もちろん私は、それらの活動を否定するつもりはありません。青春時代に奉仕活動を体験することは、後の貴重な財産にはなるでしょう。

しかし**ボランティアには、自分の行動に対する相手からの評価という視点が少ない**ことが問題です。自分の頑張りは必ず相手にいい結果をもたらすはずだという、自己満足で終わってしまうことが多いのもまた事実なのです。

ビジネスの現場は頑張れば評価されるのではありません。顧客に**何らかの付加価値を提供し、それを評価していただいてこそ成立する**もの。対価としていただく収益（＝売上）で常に評価されます。

そのような現場で働く採用面接官が、学生のボランティア体験を聞いて違和感を覚えるのもやむをえないことです。つまり、ビジネスの戦力になる人材かどうかは、ボランティア体験からは正しく評価できないのです。

●コミュニケーションツールのせいで人間関係が苦手な若者

もう一つ、相手の気持ちを察するコミュニケーション能力でも彼らの未熟さを感じます。

――面接ではあれだけ立派な自己PRをしていたのに、実際の現場ではこんなビジネス会話もできないのか？

入社直後の新入社員を見て、そんな疑問を持った経営者は少なくないと思います。

面接での受け答えは立派だったのに、顧客との会話では意向をうまく汲《く》み取れない若者。先輩や上司が忙しそうにしていようとお構いなしに、自分の都合だけで相談を持ち込む若者。褒《ほ》められることは大好きだが**叱《しか》られた経験がなく、仕事のミスを指摘すると、すぐに落ち込んで会社に来られなくなってしまう**若者、などなど。

そんな若者たちの非常識な生態は、ずいぶんあちこちの企業から報告されています。

私は、これは携帯電話やメールなどの「身内コミュニケーション」に、どっぷりと浸《つ》かった若者たち特有の未熟さだと思っています。携帯電話やメールなしには生きられない昨今の若者たちは、その機能を使って他人とコミュニケーションを図ります。相手はどうしても、気の合う仲間や自分たちと同質の者になってしまいます。

だから初対面の人、価値観の異なる人、**自分に対して厳しい態度で迫ってくる人に対する免疫がつかない**のです。

その結果、さらに困った症状も持っています。

それは「自己認識能力の欠如」。

つまり、仕事の現場において自分の力量はどの程度なのか、強みや弱みは何か、などについての**客観的な自己評価ができない**のです。

それが「能力が認められない」「こんな環境では成長できない」というわがままや忍耐不足に繋《つな》がる根本原因になっていると、私は見ています。

鉄則2 新卒採用をやめると5年後にツケがくる

社員への投資コストと成果をシビアに検証せよ

――そんなに手間のかかる学生の採用をするより、今まで通り経験者を採用したほうがいいのではないか。

本書をお読みの経営者の何割かは、そうお考えになっていると思います。私も中小企業の経営者ですから、その意見は痛いほどわかります。新卒採用などやめて経験者採用に徹したほうが、目先の事業運営には利益をもたらすかもしれません。

しかし、こういう経済状況だからこそ、新卒採用をやめてはいけない。それが私の持論です。

なぜ新卒採用なのか。

それは、採用活動を、**企業経営における一つの重要な「投資活動」**と考えれば、自ずと明らかになると思います。

これまで企業経営においては、「商品開発投資」「設備投資」「財務投資」「営業投資」等は十二分に語られてきました。ですが人材採用については、経営者のみなさんは**「投資」という観点から検証していない**のではないでしょうか。

人材についての投資というと、一部の大企業でしか通用しない話と思われるでしょう。私も起業するまではそう思っていました。多くの中小企業の経営者が数年前の私のように、

「営業部で人手が足りないから営業経験者を採用しよう」

「この10年間、毎年20人ほど新卒採用しているのだから、今年も例年並みでいいな」

「景気が低迷しているから、今年の新卒採用は5割に留《とど》めようか」

といった、**経験と勘に頼っている**のではないでしょうか。

しかし、立ち止まって考えてみてください。今までの採用活動を振り返って、
①採用にコストをいくらかけたのか
②一人前になるまでに、どれくらいの手間と年数（教育コスト）が必要だったのか
③何人が会社に定着し、期待通り活躍しているのか
こんな検証をしてほしいのです。

採用活動に充分な金額を使えていない。教育はまともにやった記憶がない。3年経って居残った者はせいぜい2割。人材紹介会社を使ってお金をかけて採用した人のほうが、かえって辞めてしまっている。頼りになる部下は育っていない……ということも多いのではないでしょうか。

新卒の採用コストは3年目から回収できる

採用現場のサポートを通して多くの中小企業経営者と接していると、「中途採用した人が定着しない」などとおっしゃる方が少なくありません。

「採用に多大なコストをかけて、優秀だと思われる人を採っているのですが、どうも期待通りに活躍する人が少ないのです」「社内は即戦力者で溢《あふ》れているはずなのに、どうしても業績アップに繋がりません。かえって職場のモラルやチームワークに問題が多くなりました」

など、経営者からの採用の悩みは尽きません。

そういう方たちを見ていると、はっきりとある傾向があります。

それは**社員を部品としてしか見ていない**こと。常に継ぎ足しの採用で、入社したら採りっぱなしで放置し、会社の根幹となる人材を育てていないことです。
「投資」というからには、それに見合った「効率」というリターンがなければなりません。この章の「鉄則7」で詳しく触れますが、経験者の採用はあくまでも短期投資と見るべきです。

たとえば、人材紹介会社に年収の3割相当の手数料を支払って経験者を採用した場合、その人が何年勤めてくれるのか。何年間期待に見合った実力を発揮してくれるのか。経営者たるもの、このリターンをシビアに見なければなりません。

一方、新卒採用のデメリットとしては、入社してからマナーや常識などを教えなければならない基礎教育コストがあげられます。

新入社員教育には、確かに手間とコストがかかります。けれど、**コストがかかるのはせいぜい入社後2年間**ですし、基礎能力の高い新卒者の3年目以降の伸びは相当なものです。そういう意味でも、中期投資としてはやはり新卒者にフォーカスすべきです。

就職氷河期と言われた90年代後半に新卒採用を見送った企業の人事部長と話すと、ちょうど十数年経った今になって、あのときのツケが出てきていると言います。

「現場を引っ張るリーダーが不足してしまって、どうしようもない」
「それを中途採用でフォローしようとしても、管理職の採用は大変で、中・長期的に見ると戦力ダウンは否めない」
など、後悔の声が多いのです。

会社とともに伸びる金の卵

もう一つ経営者のみなさんに知っておいていただきたいのは、**新卒者は企業の成長に合わせて自然に成長していく**可能性が高いということ。逆にほとんどの経験者採用では、この点はあまり期待できません。

これは大変不思議なことですが、おそらく彼らが前職から離職した原因とも関係があるのではないか、と私は考えます。

誰しも仕事をする上で、能力を上回る仕事をこなさなければいけない場面に遭遇します。成長中の若い頃であれば特に、毎日が挑戦でしょう。向上心を持つ人であれば歯を食いしばって頑張り抜き、成長している実感と自信を身につけて、さらに成長していくものです。

しかし、離職経験者の多くはここで**目の前の課題から逃げてしまった人が多い**のです。

また、経験者採用の場合は、採用時点における経験とスキルを買うので、その能力や資質が伸びるかどうか、つまりその未来はまったくの未知数です。その結果、能力は採用時がピークで、その後企業が成長すればするほど経営者から見たら物足りなくなっていく――というケースは、さほど珍しくありません。

一方新卒者は、入社時には頼りないものの基礎能力が高い人たちですし、またそういう人を最初から採用すべきです。しっかりと教育していくことで企業理念に沿った価値観と能力が備わり、社内に企業文化というＤＮＡを作っていきます。そして**5年後には、立派に企業の根幹を支える存在になってくれる**可能性が高いのです。

このような投資効率を考えても、どちらに力を入れるべきか、一目瞭然ではないでしょうか。

・鉄則・3

活躍している社員の1・3倍優秀な新人を採る

誰が稼いでいるのか、数値化して分析する

中小企業の経営者と話していると、しばしばこんな言葉を耳にします。

「ついにわが社にも一流大学卒の新人が入ってくれましたよ」

それはよかったですねと返したいところですが、私は冷静にこう答えるようにしています。

「失礼ながら、御社の幹部社員たちのことを思い出してください。大学など出ていない、現場叩《たた》き上げの方ばかりでしたよね。社長ご自身もまさにそうじゃないですか。はたしてその若者を一人前に育てることができるのでしょうか」

冷たい言い方のようですが、多くのケースで私の不安は的中します。

それはなぜか。大変面白いことですが、**企業側と応募者というのは、お互いが同じようなレベルを選び合う**のです。

「俺は中級レベルの大学だから、業界中堅の企業だな」
「当社はまだ幹部に大卒もいないような会社だから、まずは高卒で育てがいのある学生を採用しよう」

という具合です。チームワークを大事にしてきた日本の職場では、あまりに違う異分子の受け入れを拒む面があるように思います。応募者も、面接などを通じて社員のレベルを感じ、本能的に自分と同質の会社を選んでいるのでしょう。

そうであれば、新卒社員を採用する場合、経営者がまず行わなければならないのは、**現有社員の能力とタイプの見極め**です。

どのタイプの社員が戦力となっているのか。どんな能力の社員が組織のリーダーであるのか。幹部に限らず、現場の最前線の若手社員もすべて含めて、能力の棚卸《たなおろし》をします。「目標達成意欲」「コミュニケーション能力」「柔軟性」などなど、ビジネスに必要な能力、タイプを数値化して分析するのです。

そしてその結果、浮かび上がってきた優秀層の能力の1・3倍の社員を想定してみてください。それが御社の求めるべき新入社員像です。それ以上の能力を持つ人を採っても育成が難しいですし、それ以下の人を採ってしまったら、組織の成長に繋がりません。

そしてこの採用を、毎年繰り返していくのです。するとどうなるか。

初年度の新人の能力を仮に10点とすると、2年目は13点、3年目は17点、そして4年目には22点の若者が期待できることになります。つまり**4年で能力2倍の若者を採用できる企業になれる**のです。

もちろん現有社員の能力もそれに沿って磨かれていきます。優秀な後輩が入ってくると、先輩たちの尻に火がついて、急成長を見せるものです。

実際当社も、この採用方法を繰り返して5年目になりますが、採用できる社員のレベルが毎年上がっていると実感しています。

成長を続ける社員の共通点とは？

新人のレベルが2倍になるというと、卒業大学のレベルが2倍に上がるのかと考えがちですが、残念ながらそういうことはあまり起こりません。では、「1・3倍の優秀さ」とは何を指すのでしょうか。

それは、仕事への取り組み方に表れます。成長の**伸びしろがある人は、「やるべき仕事」に素直に取り組める**という特徴があります。好奇心と向上心溢れる彼らは、機会を与えると喜んでその仕事にトライします。

彼らは、できるできないにかかわらず、仕事を選びません。そういう志向を持った人材が集まると、会社は**環境の変化に柔軟に対応できるようになり、その結果、組織力が飛躍的にアップする**のです。

これは新卒採用だけでなく、中途採用でも同じです。素直に仕事に取り組む者だけが、変化の時代には伸びていきます。そうでない者は、多くの場合、別の場を求めて転職していきます。

成長志向の高い人材をどれだけ集められるか。それが企業の将来を大きく左右するのです。

■■■ 1.3倍優秀な新人を狙う ■■■

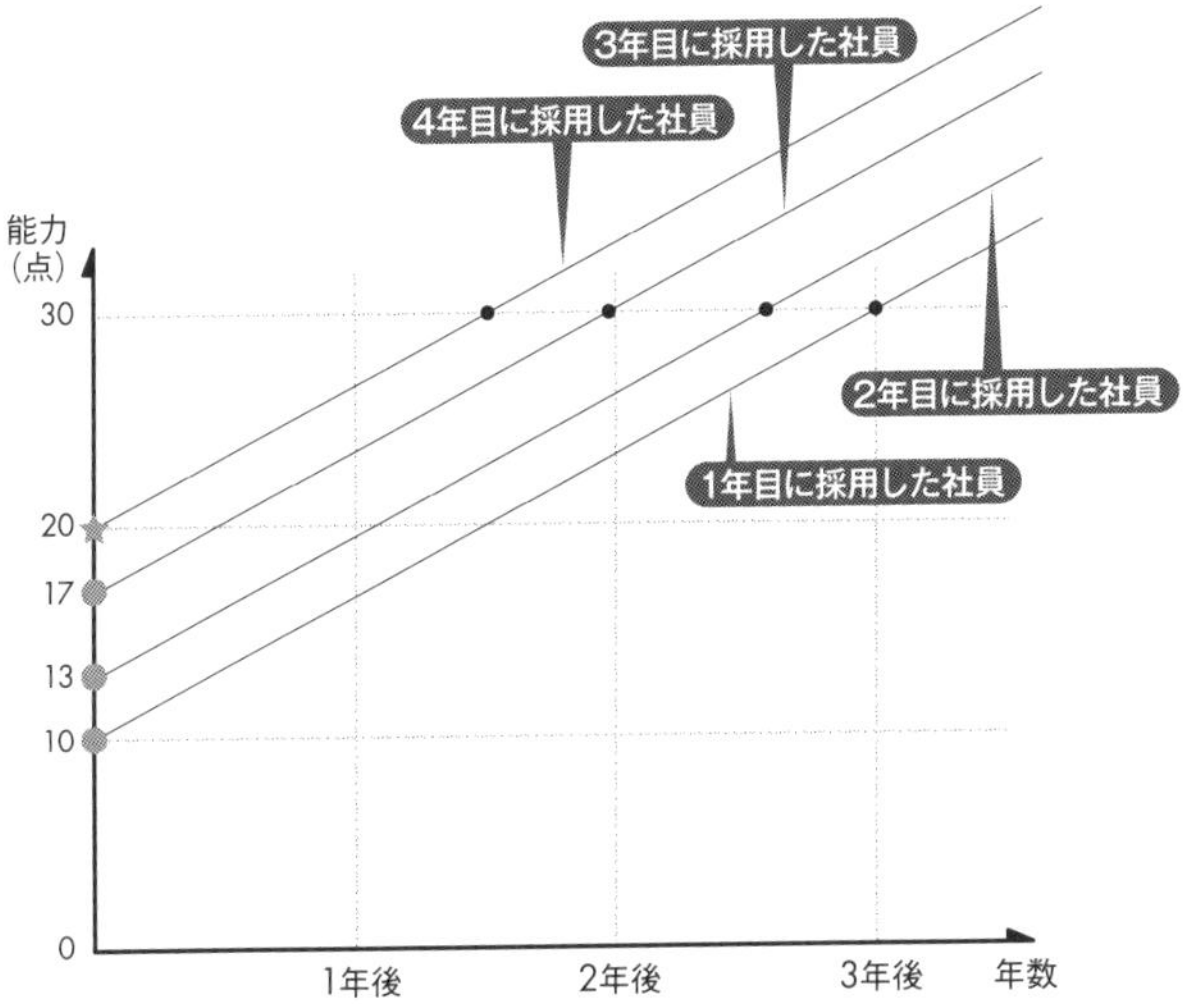

今いる社員の優秀層を分析し、彼らの1.3倍の能力を持つ新入社員の採用を目指す。すると、4年後には今より2倍優秀な若者を採用できることになる。
優秀な新人が毎年入ってくると、先輩社員も成長し、組織の活性化に繋がっていく。

鉄則4

面接で志望動機を訊くのは時間のムダ

「モチベーション」が採用ミスを招く

採用活動について、いつも経営者や人事担当役員に申し上げることがあります。それは、**面接で入社意欲を評価してはいけない**ということです。

これまでの日本企業の採用面接では、意欲面こそが最大のポイントでした。

「なぜわが社を志望したのですか?」

この問いに対して、いかに滔々《とうとう》と持論を述べられるか、いかに具体的にやる気を表現できるか、それが応募者にとっても面接官にとっても、採用評価の最大のポイントでした。

でも、それは単なる勘違いです。やる気を示そうと**美辞麗句を並べる若者に限って、それを証明する実績がない**場合が多いのです。

日本の職場では、自己主張や意欲を声高に口にする人で、なおかつ仕事ができる例というのはあまり見かけません。和をもって尊しとなす、というお国柄でしょうか。できる人はたいてい「爪を隠している」のです。

意欲というのは本来、日々の仕事を通じて周りから評価されるものであり、声高に主張するものではないはずです。なのに採用面接の場では、面接官も「自分の気持ちを主張できない者はやる気がない」と思い込んでしまうのがまた不思議です。短時間で合否を判断しなければいけない、面接の仕組みの問題かもしれません。

●セルフモチベーターを見極める

このことは学生や転職者にも同じことが言えます。最近私は、若手社員向けセミナーでこんな話をしました。

「これからサラリーマンは所得が二極分化していく方向にあります。高所得を得てポジションを獲得していく者と、いつまでも低所得に甘んじて落ちこぼれていく者。今までのように『みんなが中流』はありえません。

この両者の違いはいろいろありますが、最も顕著なものは、**モチベーションに対する考え方**です。

ハイパフォーマーたちには、みなが口にするようなモチベーションという概念はありません。『これは自分の役割だから』というだけで、目の前の課題を黙々とこなしていく。つまり役割意識、使命感で仕事をしていることが多く、『責任＝やるべき仕事』を楽しめるのです。

一方、上司や会社に自分のモチベーションを上げてもらうことを期待する人は『依存型モチベーション』タイプで、残念ながらこういう人が**組織の要職に就いたり、高所得を得るような仕事に就いていくことは難しい**でしょう。組織内の競争でいずれ脱落していかざるをえないと思います」

巷《ちまた》で言われるモチベーションとは、会社や上司に「かまってほしい」と思っている甘えた社員が、「やる気になるかどうか」を語っているだけでした。若者の価値観の多様化やブームじみた早期離職志向を背景に、こうした「甘えのモチベーション」が多く語られましたが、もともとハイパフォーマーを目指す人には無縁の話だったわけです。

採用面接においても同様です。自ら**目標を持ち、課題を解決してきたセルフモチベーターを採用すべき**です。その際、本人の口から語られるやる気なんてまったく参考になりません。評価すべきは「実際に何をやってきたか」という事実。その中から、自燃性の行為なのか他燃性なのかを見極めるのです。

私が求める本物の人材は、モチベーションの有無ではなく、むしろ**「1勝9敗」の体験が語れる若者**です。つまり、

「あれをやりました、これもできました、ボクはこんなに活躍してきました」

と声高に主張する人には興味がありません。

「私が学生時代にできたのはこの程度です。より高い目標を持ちましたが、当時の私の力ではかないませんでした」

と素直に言える若者。彼らに共通するのは、**もっと上のレベルがあることを知っていて、それをひたひたと目指している**ことなのです。

これは、NHKの『プロフェッショナル　仕事の流儀』という番組で茂木健一郎さんが語っていた「後悔力」という能力にあたるのかもしれません。つまり「常に後悔している＝冷静なるあくなき向上心の持ち主」です。

実は「1勝9敗」という言葉は、ユニクロの柳井正さんの著書のタイトル（新潮社刊）です。家業の紳士服店をカジュアルウェアのトップ企業へと急成長させたオーナーであり、普通の人からしたらどう見ても「9勝1敗」の人生なのに、なぜ「1勝9敗」なのか。そ

れは目指しているものの違いということなのでしょう。

「1勝9敗」タイプの人材を採るためには、面接官もまたそういう人材でなければなりません。自己評価が辛く、自分に厳しい人がベストです。少なくとも自信過剰な人を担当者にしてはいけません。それもまた、採用活動で多くの企業が間違えているポイントです。

面接現場では、**面接官以上の社員は採れない**――。

採用という仕事は、実は面接官人選から始まっているのです。

・鉄則・ 5

社長面接では「口説き」に徹する

●社長の語るビジョンが応募者に一番響く

経営者のみなさんも最終的には、応募者との面接に臨まれると思います。それでは、社長面接は何のためにやるのでしょうか？

「それは当たり前だよ。最後は自分が出ないと決められないだろう」

「会社の空気に合うかどうか、欲しい人材のイメージに重なるかどうかは他人には任せられない。だから自ら会うしかない」

それぞれ正しいと思いますが、大事なことが抜けています。それは、**欲しい人材を口説いて入社させることは、社長をおいて他の人にはできない**、ということです。特に中小企業では、「会社＝社長の器」と言っても過言ではありません。応募者の多くは、**社長と会って自分の将来を託すに足りうる企業かどうかを確認する**のです。

私の場合も、最終面接では「口説き」に徹しています。もちろん、「口説く」といっても、入社させるためにウソやいい加減なことを言ってはいけません。いくら就職難の時代だからといって、「入社したらこちらのもの」という姿勢は即離職に繋がりますから、まったく無意味なことです。

前年の面接では、私に口説き文句を語らせる応募者との出会いがあり、私はこんな約束をしました。

「あなたが当社の戦列に加わってくれるなら、ぜひアジア・欧米への進出を考えたい。これは長年の私の夢の一つなのです」

彼女は、日本の一流大学を卒業していますが、ご両親が中国政府の要職にあるという方でした。とても綺麗《きれい》な日本語を喋《しゃべ》り、敬語も美しく使いこなします。けれど、大学入学当初はコミュニケーションの問題で相当苦労したようです。

しかしそのことも、問題を克服した経過を丁寧に語ってくれました。その態度が、まさに「1勝9敗の人材」そのものでした。「私はこのように困難を克服しました」とアピールするのではなくて、**具体的にどう苦労してどんな対応策をとったかを淡々と話す**のです。

そして2年次には学年の最優秀賞を獲得。3年次には専門科目が勉強したいといって、ある国立大学に編入しています。

つまり、常に上を向いていて、自分の活躍に満足していない。見た目にはそれほど感じないのですが、内に秘めたその向上心には凄《すさ》まじいものがあります。こういう人こそAクラス人材です。

●人材に合わせてビジネスモデルを新設する

中小企業の採用現場にこうした人材が現れるのはごく稀《まれ》です。経営者は、こういう人に出会ったら、何がなんでも口説かなくてはならないのです。

その際のポイントは、「あなたが入社したら新しいビジネスモデルを一緒に模索しよう」という意欲を示し、ともに**会社の未来を作っていきたいと、誠心誠意伝える**ことです。

そんな馬鹿な、と思う方もいらっしゃるかもしれませんが、人材に合わせてビジネスモデルを変える戦略は、いまや大手企業では当たり前です。

たとえばある企業では、優秀な若手社員をMBAなど海外留学に出すと、戻ってからすぐに外資系金融やコンサル会社に取られてしまう。その現実に業を煮やした経営陣は、それまでのビジネスモデルとは別に、「新企画立案→新会社設立」というキャリアコースを作りました。

自社の事業の周りにある関連企業を買収して、その経営者に40代の若手を抜擢《ばってき》したり、新たに会社を作って経営を任せたりしています。

これらは、**それまでの常識では考えられなかったビジネスモデルを、優秀な社員を活《い》かすために作った**好例です。

彼女に対する私の口説きは続きます。

「あなたが当社に来てくれたら、中国を相手にしたビジネスもできると思っています。わが社が中国に進出するという意味ではなく、優秀な中国の人材を日本企業に連れてくるビジネスです。現状私一人ではそのビジネスは立ち上げられませんが、何年かしたらあなたとそれができると思う。あなた次第で当社は変わる可能性を孕《はら》んでいます」

約1時間半の最終面接の半分をかけて、私はそうやって一人の若者を口説いていくのです。これこそが社長面接の醍醐味《だいごみ》。日頃の苦労もこのときばかりは吹き飛んで、限りなき未来の夢が描けます。

とはいえ、実際の新卒採用において、「モノが違う」人材が毎年押し寄せてくるというのは現実的ではありません。1・3倍は平均値であり、当然バラツキがあります。

それでも、こうした**Aクラス社員を獲得することが、さらに翌年の採用レベルを引き上げる**ことになります。

「口説くことが社長の仕事そのもの」ということの意味が、ご理解いただけるのではないでしょうか。

鉄則 6

両親との面談で、子供のポテンシャルを確認せよ

社長自ら、故郷の親元まで出向く

新しい試みとして、採用時に行っていることがあります。

それは、**採用が決まった新卒者の両親に、可能な限り私が会いに行く**ことです。

——えっ！　それも面接ですか？

私がアポイントの指示を出したとき、多くの新卒者はそう反応しました。社長がなんでわざわざ故郷の親元まで出向くのだと、大騒ぎになってしまったのです。

しかし、私の真意はそんなことではありませんでした。採用の意志はすでに決まっているのだし、ただの私の興味。むしろ趣味と言っていいのかもしれません。

ではなぜご両親に会いたかったのか。

それは、息子（娘）だけを見てその才能を読み取るよりも、**親御さんにも会わせていた**

だき、2世代にわたるDNAを自分の目で確認したかったのです。

「この親にしてこの子あり」という言葉がありますが、まさにその通り。目の前にいる20歳そこそこの若者は素晴らしいけれど、その基となったDNAを確認させていただいて、確かに素晴らしいと実感できるか。あるいは「これは突然変異だったかな」と思うのか。

これをやってみると、やはり**素敵な親からは魅力的な若者が生まれている**ことがわかりました。「1勝9敗」が語れる親からは、やはり子供も力まず素直に成長している。

それと同時に、両親のDNAだけでなく、躾が大きな影響を及ぼすのだな、と改めて実感しました。

新卒者を採用した経営者には、その若者をこれから10年単位で育成し、できるならその才能を思い切り伸ばして、末は経営者になってもらいたいという希望があります。また若者の多くも、そういう希望を持って社会に出てきているはずです。

彼らの中にどんな遺伝子が眠っているのか。どんな可能性が宿っているのか。それを確かめるには、2世代を比較するというやり方は的を射ているようです。

経営者のみなさんも、ぜひ実証してみてください。意外な才能を発見し、彼らをどう育てるか、そのことを考えるだけでもとてもワクワクするはずです。

・鉄則・
7
中途採用は「いつまでもつか」の予測が肝心

●新卒は可能性への投資、経験者は過去への投資

新卒採用と経験者採用の最大の違い。

それは、前者が「可能性＝未来」に対する投資なのに対して、後者は「経験＝過去」に対する投資であること。そして後者においては、**賞味期限が明確に存在する**ということです。

経験者採用の採用基準は、往々にして今現在のその企業の価値観で設けられ、それに見合った人材を採用することになります。ところが企業が成長曲線に入っている場合、1年後には企業は成長していて、社員に求められる仕事の基準も高くなっているはずです。そのとき、1年前に入社した社員が仕事のレベル（つまり、能力）を高められるかどうか。

ここに問題があります。

中小企業の経営者として自社の採用に携わってきた経験から言いますと、経験者採用枠

で採用した人が成長企業についてこられる割合は、あまり多くないのが実態です。特に若い頃から同じ職種で転職を繰り返す人は、なかなかその殻が破れません。「できる仕事」「やりたい仕事」でないとやりたがらないことが大きな要因の一つです。

その結果、経営者には活躍期限が見えてしまい、「ああ、彼の賞味期限は2年だったか」と内心気がつくことになります。

逆に言えば、経験者を採用する場合、**経営者は予め《あらかじ》賞味期限の予測を立てておく必要があるということです。**「この経験なら3年間はもってほしい」と予測を立てて、それを基に投資コストを算出します。

あるいは、「彼の経験が今は貴重だけれど、2年後には彼の経験してきたことを凌駕《りょうが》する仕事を他の社員全員がしていなかったら、うちの会社は危ない」というふうに、採用者の経験値を一つのリトマス試験紙として使うという考え方もあります。

賞味期限という考え方を中途で入社しようとする人の側から見たら、**いかにこの壁を破るかが、その後もその企業で職を得られるかのポイント**になります。

たとえば出版界でも、90年代にJリーグ・ブームが起きたときは、サッカー界に人脈があったり取材経験があったりする編集者がヘッドハンティングされる状況がありました。

当時、その人たちは新しい職場で活躍したはずですが、ブームが去ったら仕事がなくなります。サッカー界以外に人脈がなく、取材経験もコネもなかったら、いずれその職場を去っていかなければなりません。このように**経験やスキルというのは、実はとても頼りないもの**です。

一方、サッカー関連のスキルで入社した人でも、常に次のテーマを求め続け、自分を磨き続けていける人であるなら、ブームのあとにも異なる鉱脈を探すことができるはずです。

経営者にしても、すべての中途採用者が短期の賞味期限で去っていったらコスト割れになってしまいます。中途採用者の踏ん張りがあれば、会社も本人も明るい未来が描けます。


中には過去の経験を超えて、企業とともに、あるいはそれ以上に成長する者も現れます。

当社もそうですが、中小企業の幹部は大抵そんな社員で占められているものです。成長できる人かどうかは、**過去の経験以外の仕事に挑戦させる**と、能力や向上心がよく見えてきます。述べてきたように、伸びる社員に共通する「素直さ」「向上心」などの能力は、新卒も中途もありません。

採用段階でそれを見抜くのは残念ながら至難の業《わざ》です。しかしながら、新卒でも中途でも、伸びしろのある（いわゆる化ける）優秀な人材と巡り合うことは、経営者にとって望外の喜びです。

●時間と経験にいくらの価値があるか計算する

最近では中小企業でも、M&Aが頻繁に行われるようになりました。

一般には、M&Aが行われるときとは、いくつかの指標がクリアされたときです。

その一つが時間価値。他企業を買収することによって、新事業（あるいは新地域）にゼロから参入するときにかかるであろう時間を、お金で買うという価値基準です。

経験者採用という手法も、これに近いものがあります。新卒を採用して社内教育を施し、OJTを繰り返しながら**戦力になるまでの時間を、お金で買ってくる**こと。

経験者採用の魅力は、この価値に尽きます。

その代わり、コストがかかることは自明です。

最近の転職市場は低迷していますが、一般的には人材紹介会社を通じて採用した場合、新たに設定する年収の3割程度が手数料と言われています。500万円の年収を支払う社員には、初年度は650万円程度かかるわけです。

この中途入社社員が5年間力を発揮してくれるなら、150万円の手数料は年換算30万円ということになります。ところが中途採用には前述した賞味期限がありますから、その実力を発揮してくれるのが3年間という場合、手数料は年換算で約50万円。しかも賞味期限が過ぎた社員が4年目以降も居すわるケースでは、500万円の年収もコスト高という可能性があります。

一方で新卒採用も、採用一人あたり50万円ほどかかります。数年前までは100万円以上と言われていましたが、現在の相場はこのくらいでしょう。これには内定者教育費や新人教育費も含まれています。彼らが早期離職してしまったらこの経費はドブに捨てることになりますが、順調に5年間単位で戦力となってくれたら、年換算のコストは10万円程度で済むことになります。

経営者たるもの、このコスト計算をシビアにしなければ企業の成長はありません。ここも**経験者の採用と新卒採用を比較するポイントの一つ**です。

鉄則 8

「経験者優遇」の中途採用では優秀な人が集まらない

●業界経験と伸びしろは、矛盾しがち

ある大手企業の人事部長と話していたときのこと。私が思わず「さすが」と唸《うな》る言葉が出てきました。

「うちでは中途採用をするときには、業界経験者は避けます」——。

この会社では、**業界経験者は書類選考の段階で全部NG**にしているとか。このことは何を示しているのでしょうか。それは、仕事をする上で、経験よりも伸びしろのほうが大事である、ということです。

多くの中途採用において、過去の華々しい経験については細かく訊くのに、「なぜ辞めたのか?」という点をとことん訊くことは稀です。誰でも会社の中で仕事を続けていれば能力に限界を感じたり、自信をなくすような場面に遭遇したりするはずです。このとき、

自らの課題に向き合うことで、その難局を乗り越え、人は成長するのです。

自尊心が高く、困難な場面から簡単に逃げてきた転職者には、このような向上心と呼ばれる大事な資質が欠けている人が多いのです。

また、能力に比べて自尊心が高い人も考えものです。彼らは、自分の業績や能力を誇示しますが、私にはそれは、自分への甘えとしか映りません。こういう人は大抵わがままで、組織への貢献にはまったく興味がない人が多いのです。

中途採用の現場でも、**自尊心が高い人は新しい年収や肩書、自分の権限にこだわる**ケースが多々見られます。彼らは組織単位で物事を考えているのではなく、自分可愛さが第一にあるのです。

だからこそ、前の会社で少しプライドが傷つけられたり、待遇面に不満が出てきたりするとすぐにリタイアしてしまう。

彼らが語っている能力や経験は、たまたまその力が発揮できる環境が与えられたからなしえたことにすぎません。自分自身で望む環境を作り出すようなエネルギーも人間的な魅力も、彼らは持ちえていません。

それよりも、**面接の中で自己評価をきちんと喋ることができる人がベスト**です。恥ずか

しがらずに、

「この部分は同僚の力でした」

「私はこの点が足りないので、学ばなければならないと思っています」

と素直に言える人が、まだまだ伸びる人材です。この**素直さの裏にこそ、実はひたむきな成長志向が隠されている**のです。

経営者は過去の経験に目を奪われがちですが、それに惑わされずに、その人の経験の裏に隠れた資質や人間性も見極めなければなりません。

鉄則9

新卒採用は2チーム体制で臨め

採用担当の仕事は入社式まで？

先日、大手電機メーカーの人事担当役員と話していて、嬉しいことがありました。「樋口さんが説かれている〝採用2チーム体制〟という話に膝《ひざ》を打ちましたよ。まさにその通り。なぜ今まで私たちの企業でもそうしなかったのかと、今更ながら臍《ほぞ》をかむ思いでした」

なぜ採用2チーム体制がいいのか。私の持論の本質は、**採用担当者が、採用後1年目の教育研修や現場配属まで関わる**ことにあります。

多くの企業では、採用担当者は採用業務だけを担当しているのが現実です。彼らは、入社式にきちんと新入社員が揃《そろ》ったことを確認し、簡単な挨拶《あいさつ》だけを済ますとすぐに翌年の採用作業に戻っていきます。4月は、次の年の採用活動のピークシーズンだからです。

それまで1年間、採用担当者は何度も何度も学生と面接し、コミュニケーションを交わし、内定者教育を行って彼らをサポートしてきました。ところがその担当者が、実際の仕事の現場で彼らがどう戦力化していくか検証しないで翌年の採用活動に向かってしまう。

これでは採用した新人がうまく成長して、業績に貢献しているのかどうかがわからぬまま、採用活動を続けることになります。つまり、採用基準と社内評価基準がまったくばらばらのままに、目隠しして採用作業をしているようなものです。本当の意味で**優秀な人材を採用しているのかどうかを、まったく検証していない**のです。

新人育成の苦労を採用にフィードバックする

よりよい採用と育成をするためには、**担当者が可能な限り入社後の評価に立ち会い、育成の現場をじっくりと見る**ことです。採用の2チーム制はその解決策として考えました。

Aチームは1年間採用活動を行って、そこで採用した若者たちを入社後1年間はフォローする。当初は新入社員教育を行い、現場に配属されてからはOJTの現場にも立ち会う。Aチームが新入社員の教育フォローをしている年は、Bチームが新卒採用を担当する。このように、AチームとBチームで交互にこの作業を繰り返すのです。

こうすれば、採用基準と社内評価基準が一元化されて、現場での活躍（あるいは失態）

を見て、翌年からの採用基準作りに反映できます。

中小企業においても同様です。チーム制を敷くことは難しいかもしれませんが、せめて**採用担当者を複数置く**こと。統括する上司は一人でも、若手担当者を二人任命するなどして、その中の一人に採用から入社1年目までをフォローさせる。

会社を発展させる採用育成業務こそ、人事部スタッフの最も重要な仕事なのです。こうした作業を繰り返すことで、前述した130%アップ社員同様、数年後には見違えるような人材が採れるようになるはずです。

■■■ 新卒採用の２チーム体制 ■■■

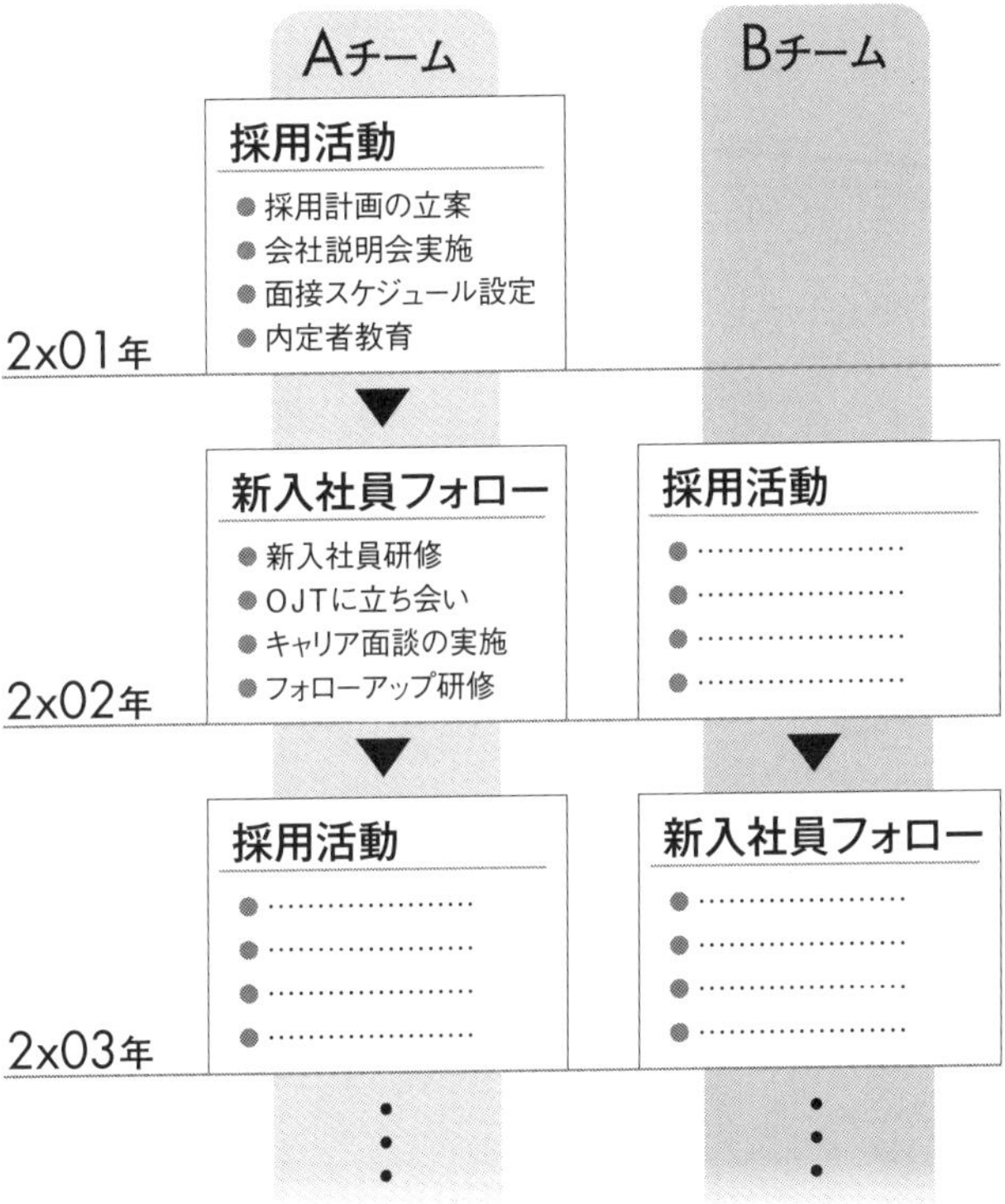

2チーム体制を敷くことで、採用した社員の現場での働きぶりを確認でき、採用活動の精度を上げることに繋がる。「チーム」というほどの人数がいなくても、担当者を2人任命することで同様の効果が得られる。

鉄則10 できる営業部長に人事部を2、3年任せてみる

人事部と現場の繋がりを密接にする

採用は投資活動だと述べてきました。

ではそのオーナーは誰なのか。それは本書をお読みの経営者であることは間違いありません。しかしビジネスの現場で考えるとき、企業の規模にもよりますが、まずは事業部長（事業部全体収益の責任者）がそのオーナーであるべきだと私は考えます。つまり、**人事を事業部の視点で考えることが大切**なのです。

投資のリスクを考えた上でアクションを起こし、いかに投資効率を上げるかを考える。時に採用に失敗したならばその理由をしっかりと吟味して、翌年以降同じ失敗をしないように努める。新卒採用を毎年行い、組織成長の螺旋《らせん》階段を形成する。

そういった一連のアクションの執行責任者として、事業部長がこれに当たるべきです。採用した社員の成否について、人事スタッフにどんどん注文を出すべきですし、ダメな人

事部長を替えるくらいのことをやってもいいかもしれません。

同時に私は、人事部にも注文があります。

すでに採用2チーム体制の持論を述べましたが、採用から1年目の教育までを担当する人事スタッフは、常に**事業部長の脇にデスクを置いて、事業部の目線で採用、定着、教育活動を行うべき**です。そして採用担当者の目線と事業部長の目線がずれていたら、つまり採用時には優秀と映った人が、現場で使い物にならないという事態を招いたら、素直に反省して**翌年以降の採用活動の礎にする**のです。

現場から遠い本社オフィスでわかったふりをしている人事部に、組織をよくできるわけがありません。変化の時代には、人事部門も顧客志向が何より大切です。

現場トップの生《なま》の声が、強い人事部を作る

最近の一流企業では、人事部は担当する事業部ごとに分解され、組織も事業部内に置かれることが多くなってきました。

こういう会社では、事業部長やラインマネージャーがクライアントになりますから、人事担当者は大変厳しい要求を受けることになります。

「お前が採ったあの若者はなんたるざまだ！」

「なぜあんな奴を俺が教育してやらなくちゃならないんだ。時間のムダだ！」

このように、現場に出た人事担当者は、事業部長からの攻撃の矢面《やおもて》に立ちます。そして、彼らの**ニーズを理解して、人事部としてどのような制度やシステムを作るべきなのかを人事部長に提案する**のです。

「あの部署ではこんな能力が求められています」

「あの現場で優先すべきなのは、コミュニケーション力ではなく、目標達成意欲でした」

往々にしてこれまでの人事部は、会社の一番奥に部屋があり、社員の福利厚生を担当したり人事データ管理を担当したりしていました。人事部長は人事権を持っていますから、一般社員から見ると特別な存在だったと思います。

けれど、これからの時代は違います。

人事部には部屋なんかいらない。担当者は現場（事業部）に出ていって、日々現場スタッフの不満や希望を聞き、自分が採用した社員の成長、評価、悩みを理解する。その結果、どうしたらその**事業部の成功に組織・人事面から貢献できるのか**、知恵を絞るのです。

そんなアクティブな部署に変わるべきです。

人材不足の中小企業の場合は、思い切って一番稼ぐ営業部長や事業企画部長などに2、3年人事部長を任せてみることをおすすめします。

総務部長と人事部長の兼任というのは避けるべきでしょう。総務という仕事は守りだったり、支えだったりします。今の人事は「守り」より「攻め」、「総務」より「営業」に近い仕事なのですから。

2章
Aクラス社員の選別と育成

会社を強くする社員育成　10の鉄則

・鉄則・
6
納得できる評価は社員を成長させる

・鉄則・
7
一律ベースアップを見直せ

・鉄則・
8
総人件費をＡ評価に厚く、Ｃ評価に厳しく割り振る

・鉄則・
9
社員定着率は90%台を目指せ

・鉄則・
10
Ａクラス社員は裁量とプレッシャーが好物

・鉄則・1
リターンが見込める若手に投資せよ

・鉄則・2
社員の本当の実力は
壁にぶつかったときにわかる

・鉄則・3
Ａクラス社員は
「全体の２割」が目標

・鉄則・4
組織にとっては誰もが大切な
社員である

・鉄則・5
面倒くさがらずに経営者自ら
理念を語れ

鉄則 1

リターンが見込める若手に投資せよ

会社選びは青い鳥探し？

「成熟した現代に生きるみなさんの息子さんや娘さんたちは、就職活動に際して、自分探しに必死になっていませんか？　自分のやりたいものは何なのか、まるで青い鳥を追いかけるように、社会の奥深い森の中に迷い込んではいませんか」——。

ある日私は、関西の有名私立大学の講堂で、1000人近く集まった学生の親御さんたちを前にこんな話をしたことがあります。

「三角形を思い起こしてみてください。3つの頂点は『やりたいこと』『できること』『やるべきこと』。仕事とは**3点を廻りながら、この三角形を大きくしていく**ことだと私は思っています。

その中でも、最近の若者、つまりみなさんのお子さんたちは『やりたいこと』から出発しようとしている。会社選びを青い鳥探しだと勘違いしているのです。

■■■仕事における成長の三角形■■■

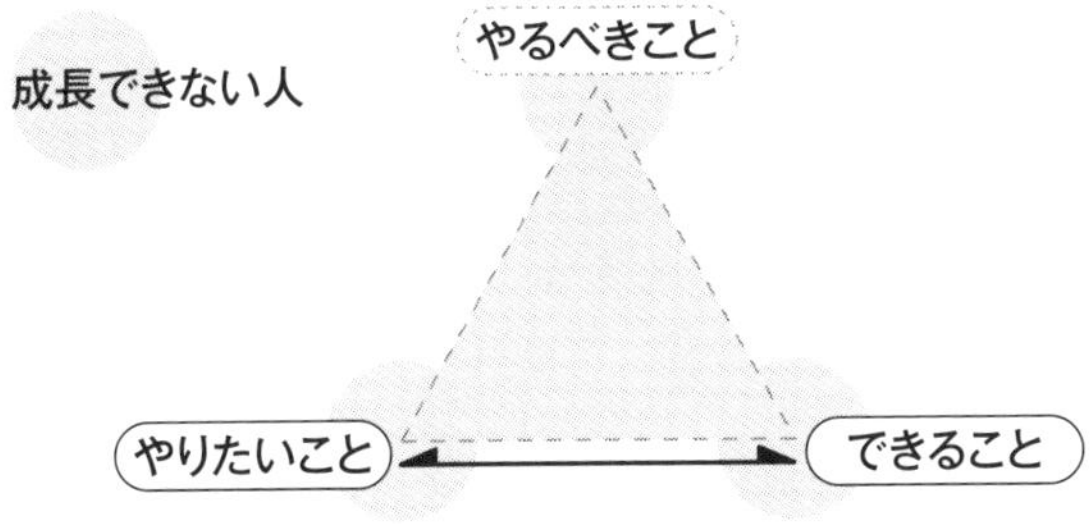

「やりたいこと」「できること」に固執していて、「やるべきこと」に意識と力を使うことができない。そのため、三角形がいつまで経っても大きくならずに現状から成長できない。

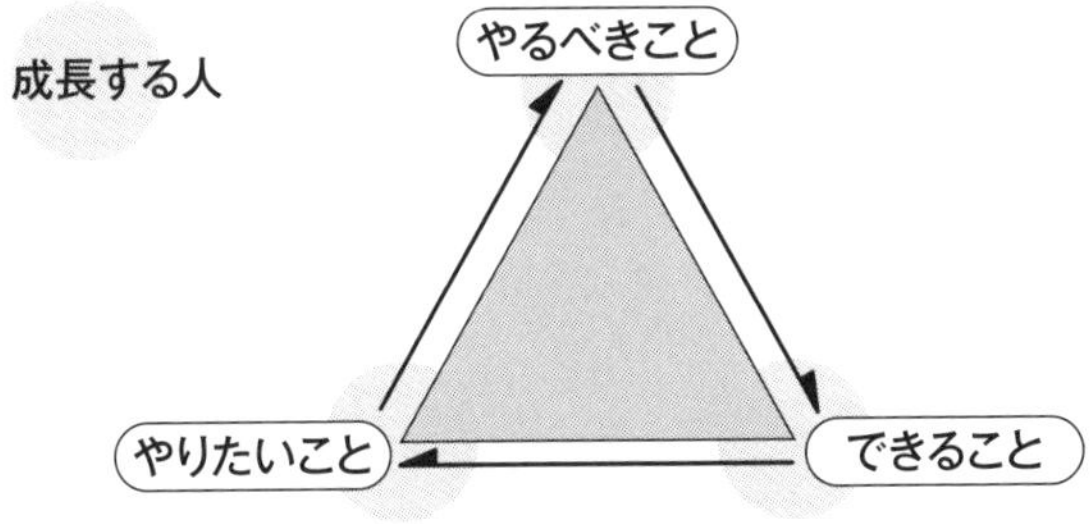

「やるべきこと」を出発点として仕事を必死にこなす内に、少しずつ「できること」が増える。すると、新たな「やりたいこと」が見えてきて、それを実現する力も今までの仕事によって身についている。
「やりたいこと」に取り組み始めると、その成功に向けてさらなる「やるべきこと」に気がつくようになる。こうして三角形が徐々に強く、大きくなることで社会人としてのスキルアップが可能となる。

みなさんの若い頃を思い出してください。就職に際して、最初に自分が何をやりたいのかを考えましたか？　よしんば考えたにしても、まずは自分に何ができるのか踏まえた上で、やりたいことを思い描いたはずです。

自由な時代に生きる**今の若者たちは、スタート地点が間違っている**のです。このことがわからずに社会に出てくる若者が多いので、私たち経営者は若者たちの**意識を『やりたい』から『やるべき』に変換する**のに大変苦労しています。

仕事なんて『やりたい』という軸で選ばなくていい。最初からそれが選べるはずがない。与えられた仕事、つまり『やるべき仕事』が出発点で、叱られながら仕事を必死に覚えていき、少しずつ一人でできるようになって、何となく仕事の面白さ、やりがいがわかってくる。みなさんの若い時代はほとんどの人がそうだったでしょう。

『仕事を通じて人が成長する』という観点で考えれば、このことは現代でも変わらぬ真実です。ですから、みなさんは自信を持ってそのことを、お子さんたちに教えてあげてください。それが理解できれば、若者たちは不要な森からすぐに脱出できるはずです――」

これは、私がここ数年採用現場で考えてきたことです。ことに2008年秋に始まったリーマンショック、そして世界同時不況の中で、経営者のみなさんにも思い当たることではないでしょうか。

●仕事の正三角形を大きくする

これまで企業と経営者は若者たちのモチベーションアップを旗印に、いかに若者たちが仕事にやりがいを感じるか、上司がやりがいを与えられるか、それればかりを考えてきました。

若者の早期離職が問題になるにつれ、ただでさえ忙しい管理職は、内心疑問を持ちながらも彼らの**ご機嫌をとるようなコミュニケーションに汗をかき、必死に対応した**のです。

けれど世界の経済状況は一変し、もうそんなことを許している場合ではありません。

これからは、かつての日本企業がそうであったように、「やるべき」という使命感をしっかり持って、自分自身でスキルアップして「できる」仕事を増やし、その上で「やりたい」という仕事の醍醐味を感じてくれる社員を、企業は求めていくはずです。

講演の中で、私はこう続けました。

「社会人としての成長、企業人としての成長は、この三角形を大きくすることです。

これから社会人になろうとする若者は、はっきり二極に分けられると思います。

一つは、最初に『やりたい』仕事を探して深い森に入ってしまい、いつまで経っても社会人として自立できずに転職などを繰り返し、気がついたら低所得ワーカーで終わってしまう人。

かたや、高い向上心を持ち、**仕事は『やるべきもの』として、次々と与えられた仕事をこなす中でスキルアップ**して、高所得者の仲間入りをしていく人。

少し前の日本は一億総中流社会であり、このような格差は社会に出てから数十年して初めて起こるものでしたが、いまや世の中がすっかり変わり、早ければ30歳前後でこうした差がついてしまうのです。

経営者は、はっきりとこの二極を意識して、自社の若手社員がどちらに入るのかを見極めるようになります。前者に対しては、会社として投資対象ではなくなるでしょう」

これは、長年様々な企業の採用・育成現場を見てきたコンサルタントとして、強く感じることであり、中小企業の経営者としての本音です。

この日の講演は、参加していた学生の親御さんからも好評でした。そのうちの数人は関西財界の一流の経営者の方々で、

「実に爽快だった。家に帰ったら、息子に自信を持って自分の考えを伝えたい」

と言われました。

彼らはみな前からこう思っていたのです。しかし、それがはっきりと言えなかった。今の日本は自分たちの働いてきた高度成長期ではないので、本人の希望を尊重して、なるべく自由にやらせてあげたいという思いがあったのでしょう。けれどその結果として、**甘い考えの若者が増えてしまった**のかもしれません。

ところがこの未曾有の不況が、企業や経営者から本音を引き出したのです。

鉄則 2

社員の本当の実力は壁にぶつかったときにわかる

小物揃いの昨今、実力のある若者は貴重

では経営者として、どんな社員を将来の幹部候補として選び、どう育てればよいのでしょうか。

その点に関して、私には持論があります。

それは「停滞期にこそ、真の才能が出る」――。

入社当初、若者たちはみな自信と希望に満ち溢れ、視界に入るものすべてを貪欲に吸収していきます。この時期は、仕事の成果に大きな違いはありません。

ところがひとたびスランプに陥り**停滞期に入ったときに、その対処の仕方において若者たちがAクラス社員なのか、並の社員なのかが明らかになる**のです。

「やりたい」から仕事に入り、常にモチベーションを周りに求める若者の場合は、停滞期になるとジタバタしはじめます。成果の上がらないことを会社や上司のせいにして周囲に

不満をぶちまけたり、愚痴を言ったりします。

それに対して、「やるべき」という使命感、職業観をしっかり持っている若者は、**自分が壁に当たっていることがわかっても、慌てたり愚痴を言ったりはしない**ものです。今までの経験から、こういうときこそ大事なのだとわかっていますから、黙々と、ひたすら目標に向かって頑張ります。

その姿こそが、日頃接している上司（あるいは経営者）からはとても頼もしく見えるはずです。本人にとってはしばらく辛《つら》い日々が続くことはわかっていますが、できる上司にはそこを抜けたときの成長イメージが手にとるように見えるのです。なぜならば、それは上司自身が成長過程で味わってきたプロセスそのものだからです。

そういう姿勢こそが、**「やるべき」→「できる」→「やりたい」の三角形のスケールを大きくしていく**のです。

私自身、毎年入社してくる新入社員、あるいは入社数年の若手たちを、常にこの視線で見ています。まさに「1勝9敗」の敗戦部分をどう生きるか。どう凌《しの》ぐか。どう抜け出すか。「やるべき」仕事が見えている人は、ここで成長を勝ち取っていきます。

最近は時代が成熟したせいか、伸びしろのある若者が減ってきました。向上心とは言っても目標自体が低かったり、単なる競争心だったりでスケールが小さいのです。それだけに、辛い段階を自力で抜け出してくる人は貴重です。

そういう人材に対してこそ、**経営者は次のステージを用意して、新たな投資をするべき**です。

●ワンランク上の仕事に挑戦できるか

あるクライアント企業では、全社員を対象にした表彰制度を設けています。

その中で、3年連続MVP（同期社員中での評価1位）をとった若者A君がいます。彼は営業担当で、取引の長いお客様と定期的にコミュニケーションをとり、毎年の売上を安定拡大することが仕事です。

わかりやすい目標を与え、その意義もきちんと伝えると、彼は目標に向かってバリバリ頑張ります。クライアントからの評価も高く、常に期待以上の成果を出してきます。数字が事実を物語るように、文句なくMVPなのです。

彼の場合、仕事の原動力は、「自分が一番になりたい」とか「売上目標を達成したい」

という、**競争心や達成意欲**でした。時間を忘れて働き、先輩をも追い抜くような高い業績を出し続けました。

こうした実績を見て、A君の会社の社長は、「A君は優秀だ、新卒がこんなに早く業績を上げられるとは思わなかった。彼を早く育てるためにも、少しチャレンジングな役割を与えてみよう」と思ったのです。

それは、自ら情報を集めて企画を立て、上司の助言を得ながら仕事を進めていくという、若手社員には少し難しいプロジェクトでした。最初からうまくいくはずはないので、担当役員を彼の指導係につけて、細かくフォローしていくつもりでした。

ところが驚いたことに、担当業務が変わったとたん、A君はそれまでにない態度を見せるようになりました。

苦手な企画部分、つまり考える仕事を避けるようになってしまったのです。

「ボクにはこの役割は少し難しいのではないでしょうか」

と言って、**仕事に手をつける前から逃げてしまう**のです。これには社長も唖然《あぜん》としてしまいました。

――優秀な奴だと思ったが、得意分野への取り組み方と、苦手な課題への取り組み方でこんなに違うものなのか。せっかく成長のチャンスを与えたのに……。

みなさんから見ると、なぜ新しいチャンスが与えられたのに、失敗を恐れずにチャレンジしないのか不思議に思うでしょう。でもそれは、過去に様々なチャレンジをしてきて、達成する喜びも失敗する悔しさもわかっているから言えるのです。今まで**自分の得意なことだけをやってきた若者には、そびえ立つ絶壁に挑もうという勇気はなかなか出せない**のでしょう。

A君の場合は、恐らく今までも自分の得意な勉強、スポーツ、人間関係の中でしか達成経験がなかったのだと思います。経営者としては与える役割の大きさや本人との適性などを熟考し、いくつか**準備となる経験をさせてみて、当人のレベルを判断すべき**だったのです。

鉄則3 Aクラス社員は「全体の2割」が目標

枯れ木も山のにぎわい

こうして人材の峻別《しゅんべつ》作業を繰り返しながら、実際の組織を考えると、私は**2割のAクラス社員がいたらよしとしなければならない**と思っています。逆に言えば、組織の中の2割はこのレベルまで引っ張り上げなければ、組織の成長はありません。

前著『「いまどき」の新入社員を一人前にする技術』（PHP研究所）の中で、社員のタイプを「のぞみ号タイプ」「ひかり号タイプ」「こだま号タイプ」と峻別しました。詳しくは同書を参照していただきたいと思いますが、その概略は次の通りです。

□のぞみ号タイプ

将来の幹部候補であり、場合によっては、10年を単位とした後継者教育を施すケースもあります。

このタイプは、まさに仕事を一つの使命と考えて、「やるべき」仕事から入っていきます。学生時代にも、自分で高い目標を設定してそれを乗り越えてきた達成経験があり、やる気があるないといった波が少ない。やたら自分を誇示するのではなく、「1勝9敗」が語れる人材で、常に**ワンランク上の課題を与えておけば、放っておいても伸びるタイプ**です。

□ひかり号タイプ

そこそこ力はあるのですが、一心不乱に仕事に打ち込むタイプではありません。精神的に未熟でプライドが高かったり、仕事とプライベートのバランスを考えていたりと、どちらかと言えば「やりたい」と「できる」の部分に比重がかかっています。ひと昔前の環境だったら、「この会社では自分は成長できません」と啖呵《たんか》を切って、早期リタイアしていくのはこのタイプの若者だったはずです。

彼らは、モチベーションが維持できないと幼児性を発揮し、やる気のなさが極端に表情や行動に出たり、愚痴っぽくなったりします。こうなったらどうしようもありません。ですから、**モチベーションが落ちないよう常にかまってあげる必要がある**のです。

ただし、このタイプを単純に見てはいけません。新幹線のひかり号にも時間帯によって停車駅に違いがあるように、このタイプは実に千差万別。何を「やりたい」のかも十人十色ですし、何が「できる」のかも人によって異なります。

現在の経済状況下では、そんな個性にいちいち会社が付き合っているわけにはいきません。モチベーションの有無で働き方が変化しているようでは、君は「ひかり号」止まりだねと通告するしかありません。

逆にこのタイプの若者を「のぞみ号」に引き上げられれば、組織力はぐっと高まります。企業の**将来の鍵を握っているタイプ**と思ってください。

□こだま号タイプ

アシスタント業務や事務仕事をこつこつとこなしてくれるタイプ。興味の先は趣味だったり、家庭だったり社会奉仕だったりします。けれど優秀な人が多く、与えられた仕事は確実にこなしてくれます。

会社組織においては、こういう存在も無視できません。こういう人が地味な作業をこなしてくれないと組織は廻っていきませんから、経営者は後述するように様々な制度を作って、**長く働いてもらえるようにするべき**です。

・鉄則・4 組織にとっては誰もが大切な社員である

組織の最適バランスは「2・6・2」

人材峻別の話をすると、多くの経営者からは、

「Aクラス社員が採れる方法を教えてほしい」

「どうやってAクラス社員を育成すればいいのか」

と質問をいただきます。そのお気持ちは痛いほどわかります。この大不況にあって、会社をリードしてくれる優秀な人材が欲しいのは、経営者なら誰だって同じです。


けれど、組織というのは不思議なもので、仮に能力が高い人が集まったとしても、女王バチの下に作られるミツバチの組織と同様、2割のAクラスと6割の平均的社員、そしてあまり成果の上がらない社員が2割というふうに、**自然と棲《す》み分けができていく**ものです。

だから経営者としては、Aクラス社員ばかりに目をかけても組織力は向上しません。彼らへの**育成投資は続けながらも、平均的社員のモチベーションを維持・アップさせ、Cク**

ラス社員もそれなりにかまってあげることが大切です。そうして組織力全体を上げていくのです。冷静な目でそれぞれの能力を把握した上で、後述するように、それぞれのレベルに合わせて居場所を確保して、組織運営を行わなければいけないのです。

●誰でも社長の言動は気にかかる

私は創業以来、社員全員にボーナスの明細と一緒に渡すボーナスレターを書いてきました。

半期ごとの仕事の評価、仕事への取り組み姿勢についての感想など、思いついたままにメッセージを認《したた》めてきたのです。

ところが09年夏期のボーナス前には、その筆が進みませんでした。不況の中で会社の業績も思わしくなく、頑張ってくれた社員たちに思ったような賞与が支給できません。その現実が、筆を重くしてしまっていたのです。

実を言うと、今期はボーナスレターはなくてもいいかと思っていました。評価がそれなりによい社員ならともかく、厳しい業績に苦言を呈され続けてきた社員にとっては、そんなメッセージなんかないほうがいいだろうと思ったのです。

ところがある日、

「今年はボーナスレターをやめようと思うんだ」

となにげなくベテラン社員に話したところ、彼女からこんなことを言われてしまいました。

「それは社長の勝手ですが、私は入社以降のメッセージをずっと大切にとっていますよ」と。

私は正直言って驚きました。彼女は私にお世辞を言うタイプではないので、恐らく本当のことでしょう。他にも数人から同じ話を聞きました。

社員にとって、このレターはそんな重みがあったのか。

私は改めて、社員とのコミュニケーションの大切さを感じました。

このように、**どのレベルの社員も一様に、経営者の言葉や行動は気にしていないようで気にしている**もの。その一言が、思いがけない重さで響いていたりもします。

そういう意味では、社員の能力を冷静に見極めることは大切ですが、同時に誰もが大切な社員なのですから、こまめに声をかけ、**「気にしているよ」という意識づけをする**ことも経営者の大事な役目なのです。

私はボーナス支給直前の深夜に、慌ててメッセージを認めました。

業績がよくも悪くも、それは私を含めた社員全員で反省しなければならないもの。そこから次の新しい一歩を踏み出せばいいことです。私の言葉がその狼煙《のろし》になるならこんな嬉しいことはありません。

そんな思いを込めた言葉をレターに綴《つづ》ってみました。

鉄則 5

面倒くさがらずに経営者自ら理念を語れ

●「俺が理念だ」では強い組織が育たない

理念やビジョンなどと聞くと、「いやだなあ」と思ってしまう経営者は多いと思います。

中小企業経営者の多くは、一代で創業してきた人たちです。彼らにとって**事業とは、自分自身の存在と一心同体**なのですから、「理念なんて語るまでもないこと」。生きることが働くことですし、自分自身がこの会社そのものなのです。改めてビジョンを他者に伝える言葉を持てと言われても、「そんなの俺を見てくれ」と言いたくなるに違いありません。

あるいは、直感で生きてきた経営者にとって、会社の将来について社員全員にわかる言葉で語るのは、かなり難しいことかもしれません。

実を言うと、私自身も5年前まではこの手の仕事が苦手でした。

前職は、世界のビジョナリーカンパニーとして紹介されるような立派な理念を持った会社でしたから、こういうものの重要性はわかっているつもりです。にもかかわらず、自らの会社の理念やビジョンが描けなかったのはなぜか？　それは、売上や社員数はともかくとして、**社長の私自身のマインドが「個人事業主」だった**からです。

自分でやりたい商売を始め、一生懸命働いているうちに、社員も増えてきて顧客も立派な会社が多くなってきた。それにつれて社員からも、「この会社の方向性がわからない」などと生意気なことを言われるようになり、「うるさいなあ、そんなことを考えて会社を興したわけではないんだ！　俺が理念そのものだ！」という具合で、私はとても乱暴に考えていました。

ところが、その後いろいろな経験を経て学び、考え方が変わってきました。この変化の時代に大切なことは、**同じ船（会社）に乗っている我々は何のために、どこに向かうのか**を社員に伝え続けることだと思うようになったのです。

もはや、給与や肩書が毎年確実に上がる時代ではありません。こうしたもので社員のモチベーションを引き上げることは、大変難しくなりました。働く人たちは「何のために働くのか」という意義を求め、モチベーションを上げようとします。

大切なのは経営者自らが「我々はここを目指す。一緒についてきなさい」と、しっかりビジョンを示してあげることなのです。

大企業の例ですが、常に就職人気ランキングの上位に出てくる企業の理念を見てみましょう。

【三菱商事】日本の国の立国のために貿易を志業とする（意訳）

つまり三菱商事の人間は会社や個人のために働いているのではない。国家のために働いているのだ、ということです。

さすがに三菱には、岩崎弥太郎から連綿と繋がる「国士」の精神が生きています。こういう言葉が一流の男たちの胸に響いて、モーレツサラリーマンが生まれるのでしょう。定年間近で、出世のゴールも見えてきた中高年社員でさえ、「生まれ変わっても三菱商事で働きたい」と言うのは、この理念に殉じるという表明でもあります。

【三井不動産】街をつくる（意訳）

これまた単純明快、シンプルですが力強い理念です。

不動産業とは、ビルを建てるとか地域の再開発レベルの規模の仕事を指すのではない。私たちは街をつくるのだ。かつて堤康次郎が国立《くにたち》を学園都市としてデザインしたり、五島慶太が田園調布を高級住宅街としてつくったりしたように、男ならそのレベルの仕事をやってナンボだという気概が感じられます。

中小企業の経営者も、このように一言で全社員や就職希望者が理解し、その気になるような理念を持たなければなりません。

そのためには、苦手な仕事かもしれませんが、会社の将来を考えることから逃げずに、また安易に外部コンサルタントに丸投げせず、自らこの仕事に取り組んでほしいと思います。

何も難しい言葉を並べる必要はありません。短く、わかりやすくでいいのです。さらに言えば、**数年に一度変わってしまってもよいのではないか**と思います。不変のものを創《つく》ろうとするから大変なのです。会社は成長するし、世の中も顧客も変わります。理念やビジョンが柔軟に変わっても、何もおかしくはありません。

・鉄則・6 納得できる評価は社員を成長させる

5年後にどんな人材に育ってほしいか

もう一つ若者たちに示さなければならないのは、**入社5年後に会社から必要とされる人材ビジョン**です。

かつてなら、

「君は5年後にどんなスキルを身につけておきたいか」

と会社側が訊き、その答えに対して、

「今この仕事を完遂すればこういうスキルが身につく、そうすれば次にはこういう仕事にチャレンジできるよ」

とアドバイスしたものです。

これが今は、

「5年後に求められる能力は、適応能力○点、営業能力○点、コミュニケーション能力は

○点だから、入社時にもそれぞれ最低○点はないといけないな」と、目標値から逆算して現在を評価することになります。

最終目標は、付加価値を出し続けられる社員。それを**若者たちに明示して、逆算して考えさせる**のです。

その上で、「会社の目標＝個人の目標」と、２つの目標を重ねられるか否かがポイントです。会社の将来に自分の未来を重ねて「面白い！」と思えなければ、働くエネルギーも湧《わ》かないでしょう。

だから、お互いの将来を語り合うということはとても大事なことで、年に一度はこういう話し合いを持つべきです。

２つの**目標を重ねるためには、「評価」をしっかりと出してあげる**ことが重要です。「会社からの評価＝会社の価値観の表明」です。

「ひたすら売上を上げた人が、最大の評価を受けるのか」

「売上にはまだ繋がらなくても、お客様の信頼感に繋がる地味な業務をきちんとこなした人が評価されるのか」

「営業マンのサポート役として、縁の下の力持ち的に仕事をした人の評価はどのくらいか」

それらを経営者はごまかさずにしっかりと表さないといけません。

具体的には**賞与の差で表現してもいいし、表彰制度を作って表現してもいい**でしょう。誰かがMVPという評価を受けたとなると、「彼の仕事のやり方や成果がわが社の評価ポイントなんだ」と、全員が一発で理解してくれます。

ビジョン、5年後の理想像、そして評価。この3つをしっかりと提示してあげることが経営者の最大の使命となります。

評価は社員への本音のメッセージ

評価で大切なのは、事実ベースで評価することです。そうすることで本人の納得感が増し、評価が育成に繋がります。

今期の評価自体は給料やポジションを決定したら終わりですが、それが納得できるものであったら、その人は次の期に「もっと上を目指そう」とか「ここが足りなかったからもっと頑張ろう」という気持ちになります。Bクラス社員がAクラス社員に化ける可能性もあるのです。

事実を踏まえずに印象で評価してしまうと、社員の納得感に繋がりません。まして好き嫌いなど、経営者や上司の感情が評価に混じったら、社員は上司の顔色だけをうかがうようになり、仕事をしなくなります。

しかし「事実ベースで評価する」というのは、当たり前のようで実はとても難しい仕事です。口を酸っぱくして「業績アップ!」を唱える経営者の陰で、多忙な管理職がはたして部下の行動をどれだけ把握していられるか。これはもう、管理職一人一人の善意にすがるようなものです。

納得感を得る**評価制度のためには、管理職フォローの仕組み作りが必須**です。詳しくは4章で述べますが、会社の将来を考え、ぜひこうした仕組みを作っていただきたいと思います。

今日では相対評価制度を導入する企業が増えています。相対評価では、評価の高い順からSの評価を受ける人が10%、Aの評価が20%、Bの評価が40%、Cの評価が30%と枠づけられて、誰がどこの枠に入るかは、管理職たちが集まってオープンな会議の場で決定していきます。最終的には給与配分もこの枠に沿ってしないといけないので、上司はみな自分の部下を少しでもよい評価にしようと必死になります。

しかしこのときに、ある管理職が事実を無視して自分の部下を上の枠に入れようと画策したりすると、出席している他の管理職から非難され、部下をきちんと見ていないことで上司としての信頼を失うことになります。

部下の評価をオープンに議論することは、日本の企業ではなかなか難しいのですが、こういうことを繰り返すことが事実ベースの評価に繋がり、ひいては**社員の納得感に繋がる**のだと実感しています。

繰り返しますが、**評価こそが経営者の本音のメッセージ**です。

これがブレなければ、評価制度は育成にもスムーズに繋がります。

逆に評価がうまくできなければ、社員はやる気を失い、組織が腐っていく危険性も孕んでいるということを重々理解しておいてください。

●鉄則● 7

一律ベースアップを見直せ

会社の総人件費はもう増えない？

なぜここまで厳しく社員の選別を行わないといけないのか。

なぜ事実ベースの評価をきちっとしないといけないのか。

その理由はただ一つ。これまでのように、普通に頑張っている社員に一律ベースアップを保証するような余裕が、各企業からなくなったためです。

これは経営者にとって大変辛いことです。なぜなら、これまでの日本は毎年給与がベースアップするのが当たり前だったので、**できるだけ社員全員の給与を上げてあげたい**、という気持ちが強いのです。

しかし、日本経済を覆っている現在の不況が単純な景気の循環論では語り切れず、企業としての業績が悪化している以上、人件費の総額は抑える方向に進まざるをえません。つまり**減少傾向にある総人件費を、全社員でいかに分捕るかの競争が行われている**のです。

辞められると困る社員に昇給原資を手厚く分配するために、それ以外の社員は**昇給なしか、場合によっては減給することが珍しくなくなってきた**のです。昨今の人事制度や評価制度はこれを実行するために使われるようになってきました。

人材は峻別して育成投資も区別すべきだし、ダメな社員ははっきりと給料を落としていかないと企業自体が立ち行かない時代が到来したのです。

経営者は、普通の若手社員が普通に働いていたら給与が上がるものと思わせてはいけません。むしろ逆で、**平均的業績ならば給与は落ちていく**と悟らせなければならないのです。世界経済の中での日本の人件費は、これまで高すぎました。世界の市場が一物一価《いちぶついっか》になろうとする今、労働市場もまた一物一価になっていく。つまり、仮にアジアの労働者と生産性が同じだとするならば、給料もアジアの労働相場まで下がっていく原理です。すでにこうしたことが、生産性の低い業務では実際に起こっているのです。

「そうは言っても、総人件費をどうやって振り分けたらいいのでしょうか」

私は経営者だけを集めた人事セミナーを定期的に行っていますが、そういう質問が必ず出ます。私も同じ中小企業の経営者ですから、実体験をお話しするしかないのですが、要は差別化です。別の言い方をしたら**「社員への責任」**と**「会社を守る勇気」のバランスの問題**です。

●給料を下げるときには正直な話し合いを

このご時世で、年収が昨年比で3割減、などという話はざらに出てきました。

昨年まで600万円だった年収が、約400万円になるということです。非常に厳しい結果ですが、前述したように事実ベースの相対評価ですから、上がる者もいれば下がる者もいる。しかも総人件費は減少傾向なのですから、評価次第では、こういう社員が出る可能性もあるのです。

経営者の仕事は、評価は評価、決定は決定としてこれを伝えながら、その**社員の生活をどう守っていくか**です。

「君の今期の業績を見ると、これしかできていない。ここ数年の成果もほぼ同じような状態で、来期以降飛躍できるとも思えない。とすると、大変だとは思うけれど、会社としてはこれ以上の給料は払えないんだ」

と、正直な気持ちと苦しい台所事情を詳《つまび》らかにするのです。もちろんルールとしての評価制度がしっかりしていることが前提です。

私自身は、**扶養家族を持つ社員が給料ダウンになる場合には、必ずこのようなフォロー面談を行う**ことにしています。給与が上がらない時代になったという認識を奥さんと共有し、自分の実力と成果、将来性を客観的に理解して、適正な人生設計をするよう踏み込んだアドバイスを行います。その上で、もしどうしても生活に困るようならば、社長としてできるだけのことはしたいと伝えています。

ことに奥さんが専業主婦の場合は、いまだに給与は毎年上がるものと思い込んでいる方が多く、男性社員は、その説明と説得に苦労することがわかっています。

厳しい時代になり、会社も生き残りに必死ですが、**社員もまた家族とともに生きていかなければならない**のですから、社長自らがこういう話し合いをすることはとても大事だと思っています。

鉄則8 総人件費をA評価に厚く、C評価に厳しく割り振る

●B評価の給料は会社の業績と連動させる

とはいえ、ルールはルールです。事実ベースで評価したあとは、減少する総人件費を社員が納得してくれるように配分しなければなりません。

私はその原則をこう立てています。

社員をパフォーマンスと能力、そして業績でA、B、C評価に分けます（これは前述したのぞみ号、ひかり号、こだま号の峻別とは意味が違います。あくまでも業績ベースです）。

A評価が3割、B評価が6割、C評価が1割になったとしましょう。

この中で、会社に対して最も功績が大きく、かつ辞められては困るのはA評価社員です。だからこの人たちには、**マーケットと比較して常に高めの給料を保証**しないといけません。

いくら不景気とはいえ、優秀な彼らはいつでも他社で仕事が見つけられる人たちです。実

績とそれに伴うプライドがあるので、常に一定以上の年収アップを望んできます。総人件費の中から、まずはこの分を確保することが大切です。払うものは払わないといけません。

次にB評価社員への配分です。彼らは、**目標値に対して可もなく不可もなくという成績だった人たち**です。つまり、前年と同じ程度の働きをしてくれた人たち。もし会社の業績が3％アップしていたら、彼らの給料も3％アップしても不思議はないでしょう。けれど会社の業績が5％ダウンであるなら——。当然彼らの給料も5％ダウンとなります。

——えーっ、去年と同じくらい働いたのにダウンですか！

彼らはそう思うに違いありません。経営者は彼らに対して**様々なデータを示して、納得させることが必要**です。同時に本人の仕事へのビジョンを聞いたり、会社とのズレを諭したり、細かなケアも必要でしょう。

彼らはモチベーションに左右される人たちなので、各々のモチベーションに合わせた話し方が必要です。単に「給料が減ります」だけでは、すぐに腐ってしまいます。

辞めさせるのも社長の大切な役割

そして最後にC評価社員です。

経営者から見た場合、正直に言えば彼らは「辞めてもらっても困らない人材」です。能力や成果に比べて給料は高く、多くの場合、組織の士気が下がる原因にもなっているはずです。

外資系企業では、こういう社員に対しては「イエローカード」の期間を設けます。経営者が、その人に対して**どこがダメなのかを告知して、その期間中で修正ができないと解雇になると伝える**のです。このカードが出たら、その人は転職活動に入るのも自由です。経営者のほうから、

「君には他の仕事（あるいは企業）のほうが向いているのではないか」

と紹介してあげてもいいでしょう。実際に転職したことでモチベーションがアップして、評価が上がったケースは多々あります。

ただしこのとき、転職させるならそれ相応の花道を用意してください。本人の**メンツをつぶさないような人事発令を行う**とか、周囲への説明に気を遣うことです。あるいは家族に対して、お礼の気持ちを示すのもいいでしょう。つまり、辞めていく社員が会社に強い不満を抱き、クレーマーにならないような対処をするということです。

日本人のメンタリティーでは、従来ならばここまで極端な総人件費の分捕り合戦は行われてこなかったと思います。けれど今日、すでに相当過酷なＣ評価社員の切り捨ては始まっています。どの企業でも、この作業はこれから必須になるはずです。

給与が下がる社員にその説明をするというのは社長の仕事そのものです。

この部分で経営者が横着をしたり、この作業を嫌がって手をつけずにいると、**人件費倒産、あるいは不満分子が横行して内部崩壊ということもありうる**時代です。

・鉄則・
9

社員定着率は90％台を目指せ

給料以外の工夫で社員をねぎらう

この調子で厳しい人事戦略をとっていったら、**ついてこられない社員がたくさん出てきてしまうのではないか**、と心配する経営者も少なくないかもしれません。

厳しい経営環境を乗り切る施策として必要なことはわかっていても、大切な社員を無闇に辞めさせて何とも思わない経営者などいないはずです。もちろん、残るべき社員は残さなければならないというのが、人事の王道であることは間違いありません。

理想を言えば、社員の定着率は90～95％程度がいいと思います。どこの企業にも、価値観や能力が会社と合わなくなる社員が10％くらいはいるものです。その場合、お互いが不満を持ち続けることは、成長を目指す企業にとってあまり健全とは言えません。

また、**定着率100％ということは、その組織がぬるま湯である**可能性も高いのです。不満分子がクレームを言いながら働いているようでは組織が活性化しませんし、若い人への悪影響もあるでしょう。それよりは、常に5〜10％くらいは入れ替わるというほうが健全です。

この塩梅《あんばい》ができるのが、優秀な経営者ということになります。

ある程度の人材代謝を起こし、健全で活力ある組織を作るには、とても高度なマネジメント力を要求されます。いくつかのポイントをここでご紹介しますが、それは**「面」と「点」で社員の定着をケアする**方法です。

「点」とは、事実ベースの評価からくる給料（＋ボーナス）査定です。これは述べてきたように、非常にシビアな部分ですが、これを緩めてはいけません。ルール通りに淡々とやり切る必要があります。

では「面」とは何か。

それは、「点」に対するある意味で緩衝帯のようなものです。

経営者（あるいは上司）からの日常的なフィードバック等のコミュニケーション制度、メンタルケアに類するメンター制度、あるいは表彰制度といった様々な施策を指しています。

たとえば「サンクスカード」という制度があります。日頃縁の下の力持ちとして黙々と働いてくれているスタッフのみなさんに、お世話になった営業マンたちがサンクスカードを提示するのです。

「Aさん、この前はふいの出張の手配を完璧にしてくれてありがとうございました。お蔭《かげ》様《さま》でクライアントに対しても完璧にフォローすることができました。Aさんのお蔭です。ありがとうございました」

など、社員同士で事実に即した感謝を伝え合います。そのカードを期内に最も貯めた人を表彰してもいいでしょう。社員同士のコミュニケーション・ツールとして使ってもいいと思います。

あるいは、一定の業績を上げた**社員の奥さんの誕生日に花を贈る**という経営者もいました。元阪神タイガース監督の星野さんはこの手法を使っていました。選手本人よりも家族に対してケアすることで、選手のモチベーションを引き出す。これはビジネスの現場でも有効です。

◎社員を大切に思う気持ちを制度で示す

私が試みているのは「パパの日」制度です。

当社では毎週水曜日、**子供を持っている男性社員は午後4時に退社して、家族サービスにあてていい**ことになっています。

普段忙しい彼らは、子供と一緒に夕食をとることが難しいのが常です。週末も休日出勤をしたりで、家族とのコミュニケーションが疎《おろそ》かになりがちです。それでは仕事に対して、家族のフォローアップは期待できません。

この制度は家族に対するケアとしても、有効に機能しています。

もう一つ、**女性社員に大好評なのが、キッズルームの設置**です。

当社では、オフィスに子供を連れてきてもいいことになっています。一角に保育スペースがありますので、幼稚園児程度ならばそこで一日遊んでいてもいい。家族の都合でどうしても平日に子供の面倒を見なければならない場合がありますから、こうした社風は社員に大好評です。

このように、様々な工夫を凝らして、給与・待遇以外の支援制度を設けること。それがすべて「面」での社員へのケアということになります。

企業とは、単に目標に向かって業績を伸ばそう、売上目標をクリアしようというだけでは殺伐とした組織になってしまいます。そうではなく、ここは**心を合わせて一緒に働く仲間の集まる場なんだということを、経営者は何らかの工夫で表現するべき**です。

それが、定着に繋がる「面」でのケアとなります。

鉄則 10

Aクラス社員は裁量とプレッシャーが好物

鍋ぶた上司を取り除いてやる

Aクラス社員に対しては、経営者は2つのことを実践しなければなりません。

一つは、「鍋ぶた上司」を置かないこと。

力のある若手に対して、上から押さえつけよう、管理しようとする上司のことを、私は「鍋ぶた上司」と呼んでいます。

彼らの問題点は、やる気があり、伸びようとしている**若手の育成を、結果として押さえつけてしまう**ことなのです。本人たちはそんなつもりはないので、余計手に負えません。部下の向上心が高く、反対に上司の向上心が低い場合にこういうことが起こりがちです。

こういうケースでは、若手のちょっとしたサインから、上司の存在がストレスになっているなと感じられます。そこで、経営者は彼らが自由に活動できる場所を保証して、その中でのびのびと働ける環境を作ってあげるべきです。

若手Aクラス社員と鍋ぶた上司の関係は、経営者が解決するしかありません。若者のほうでは、自分から上司に対して「ボクはAクラス社員ですから、あなたは邪魔です」とは言えないし、上司にしても、自分がよもや「鍋ぶた」になっているとは思わないものです。

部下のために一生懸命アドバイスしていると考えている人がほとんどですから、これを見極められるのは経営者しかありません。

また若者の中には、**Aクラス社員のように見えて実は平均的社員だった、**という場合もあります。

鍋ぶた上司の存在があるときは、上司がいなくなればもっと能力を発揮するはず、と期待していたのに、いざ自由にしてみると何をしていいかわからなくなる。そんなケースも多々見受けられます。この場合は、再び相応《ふさわ》しい上司を与えて、成長できる環境を整えることが大切です。

いずれにしても、**若手と上司の双方のプライドを刺激しないようにする**こと。それが大切です。

●常にチャレンジングな仕事を与える

鍋ぶた上司を取り除くと同時に、Aクラス社員には物凄《ものすご》いプレッシャーを与え続けなければなりません。彼らの能力の2倍程度の仕事を常に与え続けるのです。

たとえば、一人ではこなせない量の業務をいかに効率的にこなすか、という試練でもいいし、調べて考えて脳漿《のうしょう》を絞り尽くすような、思考のストレスを与えてもよいでしょう。とにかく彼らは、ぬるま湯の環境で時間をムダにすることを最も嫌がります。また、何よりも**こうした試練が自分を成長させるとわかっている**のです。

このように、Aクラス社員には自由度とプレッシャーの両方を同時に与えて鍛えること。それが育成のポイントです。その先には、5章で書いていく後継者教育も待っています。

そこに繋がる社員に、入社3~5年目で目星をつけておきましょう。それができたら、経営者としてはずいぶん楽になります。

3章
女性が活躍する会社は伸びる

女性社員を戦力にする　10の鉄則

・鉄則・6

女性は何よりも「納得感」が大事

・鉄則・7

燃え尽き型には、後輩の指導をさせて視野を広げる

・鉄則・8

ジェントル・レディを登用せよ

・鉄則・9

社内の「おかん」は会社の背骨

・鉄則・10

新卒者を採用すべきか迷ったら、女性社員に訊け

・鉄則・1 優秀な女性が定年まで働ける環境を作れ

・鉄則・2 中小企業こそ女性の力を活用すべき

・鉄則・3 会社も女性本人も、少しずつ譲歩して働く

・鉄則・4 上司がプライベートに踏み込むのはご法度

・鉄則・5 「制度」ではなく「文化」を作る

鉄則 1

優秀な女性が定年まで働ける環境を作れ

結婚・出産でAクラス社員が辞めるのはもったいない

最近では、ワーク・ライフ・バランスという言葉が盛んに使われています。

文字通り「仕事と生活の調和」という意味で、民主党政権のマニフェストでも、すべての労働者が一人一人の意識やニーズに応じて、**やりがいのある仕事と充実した生活を調和させる**ことのできるワーク・ライフ・バランスの実現が目指されています。

2007年には、政府や経済界、労働界の合意により「ワーク・ライフ・バランス憲章」が制定されました。各企業でも、育児支援制度や長期休暇制度、社外留学制度などを作ったりして、様々な施策を考えているはずです。

この背景には、高度成長時代が終わり、ヨーロッパのような成熟した国家への移行という意味合いもあるでしょうし、**時間の使い方を大切に思っている人が増えている**ことも影響していると思われます。

ところが現実はどうでしょうか。企業の取り組みとしてのワーク・ライフ・バランスに関して言えば、一部の大手一流企業に勤める、いわゆる**一般補助職の女性に限られた特権の域を出ていない**ように思えます。ここで言う一般補助職の女性社員とは、文字通り総合職のサポートをするのが主な仕事であり、責任ある仕事をしたり、業務命令で転勤したりすることは普通はない社員です。

男性に混じって猛烈に働いている総合職の女性たちは、こういった制度すら使えないほどに、ある意味で疲弊しているのではないでしょうか。

それはなぜか。

語弊があるかもしれませんが、その理由は、まだまだ**日本の企業には男性中心のＤＮＡが根強く残っている**せいです。一度入社したら定年までなんとしてでも勤め上げるという、男性中心の見えざる規律（シャドー・システム）が、優秀な女性たちの行く手に様々なプレッシャーを与えているからだと思います。

たとえば前述の大手企業の一般職女性の場合、育児支援制度や長期にわたる育児休暇の利用などで子供を出産し、育児をしっかりと行った上でまた会社に復帰できます。それらの制度を繰り返し使っている人は少なくありません。それは彼女たちが、男性ＤＮＡの範囲外で働いているから可能なのです。

ところが総合職の女性はどうか。彼女たちを見ていると、企業社会の最前線に立たされ、「女性の時代、女性の自立、男女同権」という看板を背負わされて、猛烈に働かされています。あるいは、自ら望んで厳しい仕事に取り組み、高い報酬やポジションを得ようと頑張っています。

彼女たちの多くは、**妊娠・出産や育児休暇などというものとはほど遠い生活を強いられ、その結果疲弊し切っている**のが現状ではないでしょうか。

優秀な女性が、高度成長時代のサラリーマンのように猛烈に働かなければならない状況には大きな問題があります。女性には当然、体力や人生観において、男性とは異なる部分が多く、男性サラリーマンの生き方を押しつけること自体にそもそも無理があるのです。

たとえば、男性であれば仕事中心の生活でも許されがちなのに対して、女性の場合は「なぜそこまで頑張るの?」と言われてしまうことも多いでしょう。また、男性は企業への忠誠心や執着が強いのに対して、女性は仕事そのものへのこだわりが強い傾向があります。

このような違いを理解し、尊重した上で、従来の働き方とは異なる新しい働き方を模索していかなければなりません。この点において、現状のワーク・ライフ・バランスというテーマの下にできた大企業中心の諸制度では、女性のためにはなっていないというのが私の実感なのです。

本章のテーマである「女性が活躍できる会社」というのは、綺麗事ではなくて、**やる気と能力のある女性たちが、人生を豊かにしながら定年まで（あるいは自分が希望するまで）働ける会社**をイメージしています。

そのためにはどうすればいいか、どんな課題があるのかについて考えてみたいと思います。

●鉄則● 2

中小企業こそ女性の力を活用すべき

●女性Aクラス社員のコミュニティ

「今日は月に一度の女性マネージャー・コミュニティの日ですから、夕食を食べながらの懇談会をします」——。

当社では月に1回、「女性コミュニティ」という名の食事会を開いています。ここに集まるのは、当社の中心に位置している4人の女性管理職たち。当社の経営幹部育成ミーティング（5章参照）のメンバーでもあります。

このコミュニティには、私は参加しません。男性である私が入ると意味をなさないのです。この集まりは、経営課題を共有し、お互いが仕事面でのアドバイスをし合うと同時に、**お酒を飲みながら女性特有の悩みを気軽に話し合う場**なのです。

なぜそんな集まりを作ったのか。

それは、男性社会のＤＮＡが残る企業で、男性に伍して働いている女性たちが、本音で語れるコミュニティを作りたいと思ったからです。

現在の当社の現状を鑑《かんが》みれば、彼女たちが何らかの理由で現場の第一線から抜けてしまうとてつもない戦力減です。なんとか彼女たちに能力を発揮し続けてもらいたい。けれど、彼女たちも当然結婚を考え、妊娠・出産を希望しています。

そういう人に対して、企業側もなんとか手をさしのべて、本当の意味でのワーク・ライフ・バランスを実現したい。管理職クラスの彼女たちに、仕事の充実と私生活の充実の両方を手にしてほしい。しかし、私たち**男性には、彼女たちが本当に望むものは実はよくわからない**ものです。

もしかしたら、彼女たち自身でさえ、よくわかっていないのかもしれません。女性が企業の中で責任あるポジションに就きだしたのはつい最近のことですから、その任を担っている彼女たち自身に考えさせることが一番いいと考えて、このコミュニティを作ってみたのです。

食事をしながらのミーティングでは、いろいろなことがテーマになるようです。

働きながら結婚や出産、子育てをどうしていくかというような大きなテーマはもちろんのこと、「新人の男性を上手に叱るにはどうしたらいいか」「女性はすぐに感情的になると思われてしまうけれど、どうしたらその誤解が解けるか」、さらに「クライアントに対して女性の視点でどんな企画を立てると効果的なのか」といったような仕事に関するテーマも話し合われています。

●業績ナンバーワン社員は幼稚園児のママ

私自身、社会に出て約30年、創業してからも11年、今までいろいろな女性スタッフを見てきました。

すでに述べた通り、当社ではキッズルームを設けたり、体調不良の女性が横になって休める休憩室をロッカールームに併設したり、それなりに女性をケアする制度は作ってきました。

けれどいくら制度を作ったところで、新人のときはどんなに頑張っていた女性でも、**5年も働かないうちに私生活とのバランスに悩み始める**ものです。立派な大学を出て、成績も優秀で、新人の頃は仕事に対する夢をあんなに活き活きと語っていた人でも、周りの友人が続々と結婚し、家庭に入って幸せそうな人生を送っている姿を見るにつけ、やはり「仕事か結婚か」というような選択を迫られるのです。

一般職の女性であれば、もう少し緩やかに働けるかもしれません。しかし当社では、業務上男女の区別はまったくないので、当然高いレベルの業績を求められ、その分ストレスも多くなります。結果として約半分は退職していくというのがパターンでした。

言葉を選ばずに言えば、その時期になるとやはり女性は疲れてしまうのではないでしょうか。社会に出て数年頑張ってきたんだから、そろそろ結婚という名のオアシスでのんびりしたいというのが本音なのかもしれません。

これは男性にはない感情です。男性は、結婚したらそれを励みにさらに仕事に打ち込むという遺伝子はあっても、のんびりしたいという遺伝子は通常ありません。そこがいくら男女雇用機会均等法の時代になっても、**男性と女性のＤＮＡの違い**だと思うのです。

経営者は、「女のくせに」などと言ってこうした女性の人生観やキャリア観を馬鹿にしたり、必要以上の苦手意識を持って避けたりしてはいけません。法律で定められているから、ということではなく、**女性の活用を抜きに優秀な人材を確保できない時代が到来した**ことは明々白々です。

これは、どんな業態の企業でも同じです。企業の成長を考えたときに、低温・草食男子を我慢強く使うか、優秀な女性を活用するのかという選択は、まさに人事戦略であり、経営者の決断です。

男女どちらが活躍できる会社であるかは、事業内容や社風、歴史などにより当然違いがあるので一概に言えませんが、おそらく**大企業よりも中小企業のほうが、女性活用の効果はすぐに出る**のではないかと思います。なぜなら、中小企業は男性の新卒採用については大企業と勝負になりません。また、経験者の採用も述べてきたように、「大企業のダメ社員」を掴《つか》まされる可能性が大きく、危険です。

その点、女性は**安定志向やブランド志向よりも、仕事そのもののやりがいを重視する**優秀層が一定数存在します。そうした点から単純に男女を比べると、圧倒的に女性のほうがレベルが高いはずなのです。

実際当社の例では、業績ナンバーワンのハイパフォーマーは、幼稚園児を育てるママ社員です。さらに、組織の根幹をなす管理職の半数が女性であり、驚くことに勤続年数も女性のほうが長いという実績があります。

・鉄則・3 会社も女性本人も、少しずつ譲歩して働く

本心から女性に仕事を任せられるか?

女性の活用を大々的に謳《うた》っている企業でも、たいてい大事な顧客の担当責任者は全員男性であったりします。また人事・財務の責任者も同様です。さらに、優秀な若手の男性社員の上司も、全員男性です。

私はこれを企業文化と呼んでいます。いくら人事制度で女性活用の建前を言ったところで、企業の本音は随所ににじみ出てしまうものです。ですから私はよく学生に対して、

「ホームページに掲げてある女性活用などを鵜呑《うの》みにしないで、内情をよくチェックしなさい」

とアドバイスしています。

本当の活用や信頼とは、**最重要顧客や会社の経理、裏事情の固まりである人事のようなキーポジションを女性に任せているかどうか**なのです。

そうは言っても、女性の登用を始めた当初は、経営者も恐る恐るでしょう。あるベテラン社長は、

「女性活用に関して言えば、いくら裏切られても（退職されても）諦めないことが肝心」とその秘訣をアドバイスしてくれました。

時代が変わり、優秀な女性を活用する必要性はどんどん高まっています。そうであれば、まずは数人のいわゆる**キャリアのモデルケースを作ってしまう**ことです。

この際のポイントは、経営者の力でなんとかしようとせずに、女性のことは女性に任せることです。そうすれば、活き活きと活躍する女性社員の姿に惹《ひ》かれるように、優秀な女性が入社し、育っていくことでしょう。

重要なのは、最初のキャリアモデルをいかに育てるか。少ない女性スタッフを大事にし、守ってあげることが経営者の仕事です。

周回遅れのランナーでもいい

経営者の意識変革と同時に、**女性自身の意識変革も必要**です。

なぜならば、日本のほとんどの企業は男性社会であり、優秀な女性ほど、常に男性と競

争することになります。その際に避けて通れないのが、出産という問題です。出産・育児となると、おおよそ2年は仕事から離れなければいけません。こういう事実に対して、無理に男性と同等のキャリアを求めたり、不満を持ったりするのはあまりよいことではありません。

前職時代、女性活性化のためのイベントが開かれ、実際の女性管理職や外部のプロフェッショナルの方々を招いたパネルディスカッションが行われました。

テーマは「辞めない女性の働き方」。

時あたかも女性の社会進出が盛んに言われだした頃だったので、これからの企業社会の中で女性はどんなふうに働くべきなのか、会社としては、**女性をどう活かすべきなのか**を議論しました。

すると、バリバリの管理職として活躍する出席者の一人が、意外なことにこう発言したのです。

「女性は企業の中では周回遅れのランナーでいいと思います。女性がそう思うだけでなく、経営者も上司もそう考えたらどうでしょう。男性に負けずに60歳まで競争しようなんて肩に力を入れないでいい。結婚や出産、育児という人生における大事な仕事、女性しかできない仕事があるわけですからそれも全うして、企業の中での男性との競争は、周回遅れでもいいじゃないですか」と。

この言葉は出席していた多くの女性たちの腑《ふ》に落ちたようです。

これまで女性にしてみたら、出産して1年間育児休暇をとって社会復帰してみたら、部下だった能力の低い男性が出世していて自分の上司になっていた、など悔しい思いをした人も少なくないと思います。

あるいは競争社会から脱落することが怖くて、なかなか出産に踏み切れなかったという人もいるでしょう。あまりにも多忙で結婚には至らなかった、という人も少なくないはずです。

そういう生き方のレールを一度降りて、「周回遅れでいい」と呟《つぶや》いてみる。

女性だけでなく**経営者も同じ言葉を呟いてみて、それが実現できるようなシステムを会社内に作ってみる**のです。

労使双方がそんな意識改革をすることで、私は日本の企業は変わっていくと思っています。またそうならなければ、ワーク・ライフ・バランスなどという綺麗事は、ごく一部の特権階級の女性のための制度にすぎず、企業組織の真の成長には繋がらないと思うのです。

前述した女性マネージャー・コミュニティを作ったのは、私なりの一歩です。ここからどんな提案が出てくるか。どんな動きが生まれてくるか。女性たちが女性たちのために考えた制度なりシステムなりが出てきて、それが有効に働くようになれば、当社も本当の意味でのワーク・ライフ・バランスの実現に向けて一歩前進できると思っています。

●鉄則● 4

上司がプライベートに踏み込むのはご法度

中小企業の社長はなぜ女性スタッフが苦手か

「女性が同じ職場にいると、どう接していいのかわからないんですよ」――。

私の周囲にいる中小企業経営者の中には、そう嘆く方が少なくありません。

確かに現実を見ると、自分の家族や親戚、あるいは知り合いの女性以外に、一般的な採用活動を経て女性が職場に入ってきたのはごく最近のこと、という中小企業も多いかもしれません。昨今は就職難の時代ですから、募集広告を出せば4年制大学出身の女性からもたくさんの応募が集まる時代です。

中小企業にとっては、**これからが本格的な雇用機会均等の時代**なのかもしれません。

これまでずっと男性社会であった職場に女性が入ってくるのです。経営者にしてみれば、男性に対しては「何やってるんだ、馬鹿野郎！」と叱りつければよかったものを、女性に対してさすがにそれはまずいだろうということで、**どう接していいかわからない**というのもうなずけます。

女性は涙腺《るいせん》が弱いからすぐ泣かれては困る。下手なことを言ってセクハラと言われても困る。扱いづらくて仕方ない、というのが大方の本音でしょう。

これまで日本企業において、女性は一種の雇用の調整弁の役割を果たしていました。高卒や短大卒で入ってきて、補助職をこなし、やがて数年後、結婚して退職する。それが一般的なパターンでした。今でもそのような考え方から抜け出せない経営者も少なくないはずです。

けれど1985年に生まれた男女雇用機会均等法以降、そんなパターンは崩れました。

第一に**女性も高学歴になってきて、優秀な人材がどんどん社会に出てきている**のです。現状では入社試験をしてみれば、女子学生のほうが圧倒的に高得点をとります。面接をしても、どう見ても女性のほうが優秀に見えます。

実際、**男性よりも優秀な女性が増えて、男性の居場所を奪う**という状況も出てきました。昨今語られる派遣切りという状況も、かつては女性で行っていた雇用の調整弁が男性派遣社員に取って代わったと見るべきでしょう。

ただでさえ、少子高齢化で、若い労働人口が激減していく時代です。これに、ゆとり教育や親の躾放置が輪をかけて、低温・草食世代が跋扈《ばっこ》しています。

もはや、経営者は「女性は使いにくい」などと言っている場合ではありません。いかに有能な女性たちを戦力にするか。

しかも前述したように、結婚や出産・育児という個人としての幸せを追求した上で、さらに会社に対しても貢献してもらうためにはどうしたらいいのか。根本的に意識を変えないといけません。

●組織に女性のＤＮＡを浸透させる

まず初めに取りかかるべきは、組織の中に、働く女性のＤＮＡを入れることです。

働く女性のＤＮＡとは、一言で言えば「納得感のある仕事・環境・ルール」と言えるでしょう。

数十年の長きにわたって働くことを前提としている男性のＤＮＡは、会社や上司への必要以上の依存心や忍耐力を生み、その結果、一歩引いて見てみるとおかしなことがたくさんあります。

一方、女性の多くはやりがいのある仕事を求め、自己実現を図ろうとします。そういう意味では、**仕事に対するモチベーションがとても純粋**だと言えます。

働く女性のＤＮＡを浸透させるための一例として、時間の使い方を見直すことがあげられます。勤務時間内では効率を求め、最大の成果を目指す一方で、やるべきことをやったら人の目を気にせずさっさと帰る、ということを認めたり、「オフの時間＝プライベート」の邪魔をしませんという鉄則を作ることだったりします。

優秀で仕事をこなすのが早いことが前提ですが、**役割さえ果たせば定時前に退社しても何ら問題はない**と思います。

上司が残っているからといって、定時以降もいなければいけないというような風潮は、考えてみればおかしなことです。

もちろん男性社員に対するように、いきなり「ちょっと一杯付き合わないか」などという誘いも、軽々しく口にしてはいけません。

とにかく**オンとオフをはっきりと区別する**こと。上司と部下とはあくまで、仕事というオンの時間の役割分担であることを改めて認識し、相手の時間を尊重し、オフの時間というプライベートに土足で踏み込まないことが大切です。

2つ目に、**細かな日常のフィードバックをしてあげる**こと。

「俺の背中を見て育て」——。

これまた男性社会特有のDNAです。私を含めて男性社会の中で働いてきたサラリーマンは、多かれ少なかれそういう風潮の中で育てられてきました。そうした中で、男性社員は、言葉に出さない上司の意向を汲み取ったり、組織の立ち廻り術を学んできたりしたのですが、これはお互いが数十年という長いスパンで付き合えた高度成長期の古きよき時代の話。今の若者や女性にはこれは通じません。

言葉で**しっかりと伝えてあげないと、彼女たちは理解し、納得しない**のです。

男性社員との間だったら「阿吽《あうん》の呼吸」であったり「男は黙って」という美学であったり、先ほどの「背中で語る」というコミュニケーションが成立します。

ところが多くの女性にはそれは難しいようです。恐らく、企業の中で壁を乗り越えて成長するというDNA（キャリアモデル）が少ないため、いろいろな局面で不安になりがちなのでしょう。

だから、仕事の指示をした後は、**こまめなフィードバックがとても大切**になります。毎週、あるいは毎月の頻度で、彼女たちの仕事の業績と貢献、進め方について上司としての意見を伝えましょう。「このくらい、言わなくてもわかるだろう」は絶対に禁物です。

これ以外にも、ちょっとした会話、特に相手の話を聞くことが大切です。上司として、**いつも見守っている、いざとなったら助けるし責任もとる、**というメッセージを静かに送り続けることが重要です。

鉄則5

「制度」ではなく「文化」を作る

理念を具現化する

すでに当社が備えているキッズルームや女性休息室、あるいは女性マネージャー・コミュニティのことは述べました。

それらの制度やシステムを作ったもう一つの理由は、当社の理念を「具現化」することにあります。

たとえば会社説明会で経営者がいくら「当社は女性社員を大切にしています」と語っても、その会社で働く女性社員の顔色が悪かったり、定着率が悪かったりしたら、それだけで女子学生は「本当かしら」と疑問を持つもの。言葉だけでは**騙《だま》されない嗅覚《きゆうかく》を持っているのも女性の特徴**です。

ところが会社説明会で、「ではキッズルームを見てください」とオフィスを案内したらどうでしょう。「貴重なオフィス内にこんなスペースを持っているのか」と、女子学生たちは無言のままに納得してくれるはずです。どんな**美辞麗句よりも説得力のある理念の提示になる**のです。

つまりキッズルームの存在は、当社にとって女性社員とのコミュニケーション・ツールでもあるのです。

●新しい制度を検証しながら組織に馴染《なじ》ませる

私が今、女性スタッフのワーク・ライフ・バランスのためにあれこれやっているのは、制度作りではなくて、文化作りだと思っています。就業規則などの制度やルールなどは、小さな会社にとっては形式的なもので、あとから作ればいいのです。「女性を大切にする組織であれ」「女性が働きやすい組織であれ」という文化さえできてしまえば、そんなものはあとからついてきます。

企業の理念を作ったら、次は文化を作る。そのためには、やはり**モノを作ってしまうのが一番早い**ようです。

たとえば水曜日の「パパの日」です。これを思いついたとき、私は、

「よし、3カ月間試してみよう。小学生以下の子供を持つ男性は、毎週水曜日は業務命令

で4時に帰ること！」

と宣言しました。そして、

「これを実施することでどういう問題が起きて、どういう効果があったのか報告すること」

と伝えました。

実際に、営業の最前線にいる管理職クラスが週に1日、4時に帰るとなると、周囲のスタッフとの協調が必要です。他の日に余計に仕事をしないといけないこともあるでしょうし、部下が余分な仕事を背負うこともあるかもしれません。

この制度の対象者は子供がいる男性ですから、同じ管理職でも独身者や子供がいない人は連日遅くまで働くことになります。そのことで、不公平感は出てくるものなのか。何より、クライアントに失礼があってはいけません。その辺が**クリアできるかどうか、3カ月間実験させた**のです。

当初は確かにギクシャクしていました。けれど3カ月後に一度レビューしてみて、よい点と悪い点を吐き出し、欠点を修正しながら続けていくと、だんだんと組織に馴染むようになりました。今では、**早退する人のほうが仕事の効率も上がった**という報告が来ています。

こうやって文化作りを意識した制度を作り、だんだんと組織に馴染ませていくと、社員全員に「うちってこういう会社だよね」という共通認識ができ、外部の人や就職希望者にも自信を持って語るようになるのです。それが、ひいては文化に繋がっていきます。

女性が活躍する組織というのは、そういう文化の下に花開くものである、と私は思っています。

鉄則 6

女性は何よりも「納得感」が大事

何のために働くかを重視する

女性が活躍している組織――。これまで**日本社会で、どんな組織がこれを達成できたか**を考えてみましょう。

たとえば幼児教育の現場がそれにあたると思います。幼稚園や保育園には、活き活きと働く女性たちがたくさんいます。

あるいは医療現場もそうでしょう。女性看護師の活躍を抜きにして、日本の医療組織は考えられません。

さらに言えば、生命保険のセールスレディもこれにあたると思います。最近では外資系の保険会社がかなりシェアを伸ばしていますが、戦後長い間、生命保険といえば、おばちゃんが自転車でやってくるものであり、こうしたセールスレディの頑張りで成長してきました。

女性の働きなくしては、これらの現場は成立しなかったのです。

これらの仕事に共通するものは何か。

それは働く意義です。幼児を育てる。病人を看病する、助ける。人生のリスクのために保険というサービスを紹介する。いずれも、**人生に不可欠なわかりやすい意義**を持っています。

こういう仕事に対して、女性たちはその能力を最大限に発揮するのです。

これに対して、仕事の意義が明確ではなく、単なるお金儲けのためにやっているような仕事、意味のない仕事、あるいは人を騙すような仕事に対しては女性たちは本気になりません。男性は「名誉」や「お金」に納得して働くことができますが、女性はそうはいかない場合が多いようです。

だから女性社員に対しては、一定のタイミングで**なぜこの仕事をあなたに頼むのか、その仕事をやってもらうことで、組織全体にどんなメリットがあってどんな効果があるのか**をきちんと説明します。

彼女たちの能力を引き出すのには、こういうことが大切になってきます。

●フェアな評価は、厳しくてもやる気に繋がる

フェアな評価の大切さについては、すでに2章で述べました。事実ベースの評価が大切であり、これが多くのスタッフの納得感を醸成《じょうせい》し、やる気を引き出すのです。人事制度がフェアであることは、女性社員の活躍を願う意味でも大切な要素です。

では、女性から見てフェアである、と感じる制度とは、他にどのような要素があるのでしょうか。

評価や給与を決定するルールや実際の運用はもちろんとても大事ですが、それ以上に大切なことは、**評価をする管理職への信頼感**です。本当はこのことに男性も女性もないのですが、女性は、上司が信頼に値しないと我慢をしない傾向がより強いようです。

それでは、経営者は、彼女たちの信頼感を得られる人事をどうアピールしたらよいのでしょうか。私は、評価結果をある程度公開したらいい、と考えます。なぜならば、彼女たちの納得感は、ルールというよりは実際の人事評価から強烈に感じられるからです。

こうした評価結果を公開することで最も効果的なものの代表格が、昇格や降格です。適切な人事評価が行われているかどうかは、この発令から敏感に感じられるものなのです。

ですから、**昇格（降格）人事は事実を基にして慎重に行う**必要があり、多くの社員の納得感を得ることが大切です。

もう一つ効果的なのが、期末の社員総会などで発表する好業績者に対する表彰制度の活用です。多くの会社では、こうした表彰制度を業績の評価というよりは、「よく頑張った」とか「目に見えない努力があった」という点で評価をしています。もちろん、それはそれで意味のあることなのですが、女性スタッフの**納得感という観点からは、もっと社内評価と直結すべき**だと考えます。

つまり評価そのものを、全社員の前で行うのです。誰のどういう行動事実をなぜ評価したのか、ということをこのようなイベントの場で、経営者自ら説明することは、とても影響力の大きなことです。

「彼は今回昇格させたから、皆の前で褒める必要はないだろう。むしろ陰で苦労した彼女を選ぼう」

などとやっていては意味がありません。なぜ彼は今回昇格したのか、どういう事実をもとに管理職が議論して決めたのか、など堂々と伝えるべきです。

また同時に、**個人面談のように評価をフィードバックするプロセス**も極めて大切です。期間成果をどう評価し、それがどういう位置づけなのか、これからの修正点や改善のポイントは何か、などについて、上司がしっかり時間をかけて伝えることが納得感を醸成します。

また仮に前期よりも評価が落ちる人に対しても、事実を示してしっかりと納得してもらえたら、その評価は育成に繋がります。今期はここがダメだったけれど、そこを**修正して次期はワンランク・アップしようというモチベーションが湧く**のです。

「あの部長の好みで評価や人事が行われた」などと思われることのないように、しっかりと事実を把握して、フェアな評価を心がけることです。

それが女性の能力アップに繋がり、ひいては会社全体の組織力アップにも繋がります。

鉄則7

燃え尽き型には、後輩の指導をさせて視野を広げる

アクセル全開燃え尽きタイプ

――仕事のためなら徹夜も構いません。コンサルタントになるために、平日の夜も休日もビジネススクールに通って勉強します。将来は欧米のビジネススクールに留学もしたいと思います。ビジネススキルを伸ばすためには、休日出勤も辞さない覚悟です。

新卒の女性社員の中には、このように猛烈に仕事に取り組もうとする人も見られます。男性社会に負けてなるものか。一日も早く成長してみせる。

そんなふうに**アクセル全開で最初から飛ばすのは、むしろ女性に多い**ようです。

男性ならば、どんなにAクラス社員でも、いやAクラス社員であればあるほど、アクセルは全開にしていても常にもう一方の足はブレーキをかけているものです。

ことに一流企業に入る男性サラリーマンは、このバランス感覚に長《た》けています。ベンチャー系を選ぶ人と比べると、その点がずいぶん異なります。

ところが女性社員には、このDNAが備わっていません。だから、ブレーキなど使わずにひたすらアクセルを踏み続けてしまいます。組織の中における私の役割は何ですか。この仕事を通じてどのようなスキルが身につきますか。現状の私はどのような基準でどんな評価でしょうか。と、**視点が今の仕事の意味、成長、評価に集中しがち**です。

中・長期的な発展を目指す組織の中では、こういう女性はうまく馴染めないことも多く、上司や関係者のパワーが消費されがちです。

目の前の仕事に全力投球する集中力とパワーには目を見張るものがありますが、一方でマラソンのような長期レースは苦手な場合が多く、最初は全力で走るものの、モチベーションが維持できなくなると**急に頑張りがきかなくなり、急降下する**こともままあります。

こうなると経営者としては、「だから女性は使いづらい」ということになり、女性も「会社はわかってくれない、受け入れてくれない」という不満がたまり、組織はうまく廻りません。

約2年で大人の目線が身につく

組織力アップのためには、なんとしてでも彼女を変えないといけないのです。

しかし、こういう人に気づきを与え、行動を変えるのはやさしいことではありません。しかも上司が「変われ」と命令するのではなく、自分自身で気づかせないといけません。そこがポイントです。

私ならば、たとえば後輩の指導をさせてみます。あるいは管理職研修の事務サイドに起用して、研修に立ち会わせたりします。

視野が狭くなっている彼女たちには、見方を変えたり、立場の違う人たちと交わらせたりすることで気づきが得られます。そして、**見違えるように態度、姿勢そして何より言動が変わる**ことがままあります。

それまで自分が部下の立場だったから、上司に対して言いたいことを言っていた人が、部下を持ったとたんに「何でこの子はこんな煩《うるさ》いことを言ってくるの」と気づく。

あるいは「上司から部下にものを言うことのほうがよほど難しい」と悟る。

管理職研修に出て彼らの仕事の悩みを聞いたり、直面している壁を知ったりすると、「あの人にもこんな悩みがあったのか」と目から鱗の思いを経験する。つまり、目線を上げるような経験をさせるわけです。

アクセル全開の女性は、こういう経験をさせるとだいたい2年で大人になるものです。

もともと優秀ですから、こうした客観的な視点を持つとしなやかさを持つようになり、組織人としても優秀な社員に変わっていきます。

それは**イコール組織力のアップに繋がっていく**のです。

鉄則8

ジェントル・レディを登用せよ

一人でランチをとる女性はリーダーの素質あり

みなさんの会社には、一人でも昼食がとれる女性はいますか。といっても、社内で浮いているとか、周りの人に馴染めないということではなく、「社内で群れない」言動のことなのです。

これは男性にはなんでもないことのように見えて、実は女性の中では非常に珍しい存在です。

一人で食事ができる。群れない。トイレで余計なお喋りをしない——。こういう単独行動ができる女性を、私は「ジェントル・レディ」と呼んで、**昇格の一つの目のつけどころ**だと思っています。

こういう資質を持った人こそ、リーダーになれる人材です。なぜならば、彼女たちは男性のＤＮＡと女性のＤＮＡの両方を持っているので、２つの視点が持てるからです。

ビジネス面においては感情的にならず、相手が誰であれ客観的な議論ができるし、対人面では女性的な細やかな対応もできます。彼女たちは、オンタイムは組織の役割に徹することができるので、営業であれ、管理職であれ、わりとスムーズに役割を全うします。一方私生活においては、当然女性らしさを持ち合わせているので、要は**切り替えがうまくできる**わけです。

さらには、時代が変化し、彼女たちが強みを発揮できる仕事がどんどん増えてきたようにも思います。

野心や名誉をモチベーションとする肉食系男性を高度成長期の典型的なエリートとするならば、彼女たちは成熟日本に花咲く新しいエリートになりうる存在です。

●史上最強の女性リーダー、「篤姫」に学ぶ

08年のNHK大河ドラマ『篤姫《あつひめ》』をご存知でしょうか。

宮﨑あおいさん主演で大好評の作品でしたから、多くの方がご覧になったと思います。

そのストーリーの詳細はここでは語りませんが、涙なしには見られなかった方も多いでしょう。第13代将軍家定《いえさだ》に嫁いで以降、故郷鹿児島には一度も戻らず、幕府の重責の一端

を担わされ、一人の女性としてはあまりに厳しい環境となりました。さらに家定が早世してからは、江戸城の中で孤高の存在になってしまう。男性でも厳しい境遇です。

それでもなぜ篤姫は、あのように大きな仕事ができたのでしょうか。

それは、歴史の中で**彼女が背負った「役割意識」**という以外にないように思います。薩摩《さつま》藩主島津《しまづ》家の傍系の家に生まれた篤姫は、島津斉彬《なりあきら》の養女となり、さらに将軍の正室になるために、右大臣近衛《このえ》忠煕《ただひろ》の養女となります。「役割」という名の大きな着物を着せられて、最初はだぼだぼで似合わないのですが、だんだんとその着物に身体《からだ》がフィットしてきて、着こなしてしまう。

ついには大奥のトップに立って、14代将軍家茂《いえもち》の正室となった皇女和宮《かずのみや》とも対峙《たいじ》するのです。二人は嫁姑《しゅうとめ》の関係にありますが、かたや薩摩の武家出身者、こなた皇室出身者ですから、その関係は難しかったに違いありません。

それでも篤姫は、私がこの役割をやらないで誰がやる、歴史の中でたまたま**私がこのポジションにいるのだから、ここから逃げてどうする**——と、そんな役割意識を持って、ついには和宮とも和解します。さらに徳川最後の将軍慶喜《よしのぶ》の大奥改革に対しては、和宮と手を組んでこれに反対したと言われます。

篤姫の場合は、「運命」とも言うべき役割を全うした物語ですから、事例としてはスケールが大きすぎるきらいはありますが、それでも優秀で責任感のある女性が役割に徹したときにはとても大きな力を発揮するものだなあ、と改めて強く感じた次第です。

私のクライアントの中にも、何人か女性社長がいます。創業社長もいれば、先代の仕事を引き継いだ人もいる。こういう大きな役割を背負った人たちの共通点は、**責任感が強くて、とにかく真面目である**ことです。

何に対しても真面目に必死に取り組みすぎてしまい、他のことが見えなくなってしまうのではないか。そもそも大きな役割を背負う運命の人は、物事を自分の責任ととらえられる人なので、何でも背負《しょ》い込んでしまうのでしょう。

これが男性だと、大きな壁に直面しても「まぁやるだけやってみよう」と、いい意味で楽観できます。困難をい、な、すことができるのです。

男性経営者たちは、歴史物語や『プロジェクトX』のような企業成功ストーリーを好んで読みます。ああいう物語の中に登場する主人公たちは、テーマに向かってもちろん頑張るのですが、どこかで上手にガス抜きもしています。その物語を読んで「自分のやり方もこれでいいんだ」と確認できるのです。

ところが歴史物や企業小説にあって、女性が主人公のものは極めて少ないものです。『篤姫』はその希少な事例です。女性経営者たちは、歴史上の人物からいい意味で適当な遺伝子を引き継ぐことができない。だから必要以上に真面目になってしまうのではないでしょうか。

繰り返しますが、女性リーダーは、役割意識を持つとその強みを遺憾なく発揮します。女性にありがちな好き嫌い文化やつまらない人間関係から気持ちが解放され、**やるべき仕事に打ち込める環境でこそ、その人が持つ本来の強みがにじみ出てくる**のです。

鉄則 9

社内の「おかん」は会社の背骨

組織の潤滑油である貴重な存在

総務、営業補助、秘書、経理——。最近ではそういうポストを派遣社員に担当させる会社が一般的になってきました。正社員に担当させると人件費が高くなるので、業務経験のある派遣スタッフで充分というわけです。

けれど私は、こういうポストに置く人材こそが、組織の骨格を形成していると思っています。こういうポジションにどんな人を置くかは、組織力に大きく影響します。

いわばこれらのポストに就く人は、社内の「おかん」のような存在です。組織の仲間を下支えしてくれています。この人がいることで、**社長も役員も営業マンたちも安心して社外で活躍できる**のです。逆にこれらのポストが安定しないと、安心して社を留守にすることができません。

ですから私は、こういうポストにこそ、安心して任せられる優秀な女性スタッフを配置すべきだと思っています。

たとえば当社の経理スタッフは、創業以来の優秀な女性スタッフです。今は、お子さんが小さいので短時間勤務ですが、**時間あたりのパフォーマンスは平均的な社員の1・5倍**もあります。また彼女のポストは全社員と関わりますが、彼女の人柄が安心感となり、社内の雰囲気が安定します。

それはおそらく、目に見えない、数字には現れない、組織の潤滑油なのです。

会社組織があまりにビジネスライクすぎても、人間関係がぎすぎすしてしまいます。会社の**屋台骨を支えるこうした仕事の人選はとても重要**です。

社内の「おかん」を大切にすること。彼女たちの見えない力を引き出すこと。

経営者には、そういう視点も必要だと思います。

人生の幸せを総取りしてほしい

あるとき、とある一流企業に勤める20代の総合職の女性と話していました。とても優秀な女性なのですが、彼女は自分の将来をこんなふうに言うのです。

——周囲を見ても結婚したくなるような男性はいない。でも子供は欲しい。だったら優秀な人の精子を買ったほうがいい。そうすれば妊娠・出産・育児を完璧にコントロールできる、と。

強い女性だなと思います。経済的な裏づけもある程度あり、出産後の育児は実家の母に頼るのだとあっけらかんと言うのです。その辺の草食系男子には興味がない。自分の**計画した道を自分で歩いていきたい**と堂々と語る女性でした。

私は、そうした考えもいいのではないかと思います。人生は思いがけない落とし穴の連続ですから、必ずしもその道が全うできるかどうかはわかりませんが、少なくともその心意気やよし、です。

彼女の例は極端だとしても、最近では**妊娠・出産・育児にも前向きに取り組みたい**という女性社員が増えています。同時に、そんな女性たちの多くが職場に戻ってくる環境も整いつつあります。

優秀な女性たちは、育児による1、2年程度のブランクがあったところで何の問題もありません。むしろ妊娠・出産・育児という人生の難関を克服して母となり、余計にたくましくおおらかになっているはずです。

そういう存在は、オフィス内にもいい風を吹かせてくれます。特に、働ける時間に制限のある彼女たちは、仕事における**集中力と業務効率性という観点では極めて高いパフォーマンスを発揮**します。上司の顔色をうかがいながらのんびりダラダラ働く男性社員に与える影響は大です。

経営者のみなさんには、思い切って「出産女性全員復職」を目指すことをおすすめします。彼女たちのパフォーマンスをきちんと見ていれば、残業なし、あるいは在宅勤務などの条件もそれほど無理のないことがわかるはずです。

鉄則10 新卒者を採用すべきか迷ったら、女性社員に訊け

知的で冷静な女性は副社長にぴったり

私自身も痛感しているのですが、エネルギッシュで行動力のある経営者の脇に、**知的で冷静な女性副社長がいるというパターンが、企業にとっては一つの最適な人事**なのではないかと思っています。

ことに中小企業の場合、経営者は独善的で威圧的な経営をしてしまうものです。よく「人事を遊ぶ」と言われますが、言うことを聞かなかったり仕事でミスをした人をすぐに降格させたり、可愛がっている部下を出世させたり。傍《はた》から見たら危なっかしい人事政策をとりがちです。

そういうときに、脇にいて、

「なるほどそうですか。ですが社長、もう1週間ぜひ考えてみてください。それでもお考えが変わらなければ、それでいいのではないですか」

と優しく諌《いさ》めてくれる存在がいたらどんなにいいか。

そういう冷静さ、客観の視点、ズバリと本質を突く能力は、前述のジェントル・レディのような、知的な女性が持っていると思うのです。

一般的には、大人しく穏やかな男性副社長（いわゆる番頭さんですね）が社内調整役を務めているパターンも多いようですが、**女性に適任者がいたら、経営者のサポート役はどんどん任せるべき**だと思います。男性の番頭だとどうしても立場から言葉や場所を選びがちですが、女性副社長ならば、時には社長よりも大胆なことを提案してくれたりもします。

この役割に、出産・育児を経験した「お母さん社員」が就いてくれたらどんなに素敵なことでしょう。会社のことをよくわかってくれていて、自分の価値観と経営者の価値観がずれなければ復活しても絶対に戦力になります。数年間のブランクなんてまったく問題ないはずです。

人を見抜く力は男性社員の比ではない

当社では新卒採用の現場でも、女性社員の視点と感覚を大いに活用しています。

最終面接まで残った学生の中で、**内定を出すべきかどうか私が迷う学生については、彼**

女たちと食事に行かせるのです。別にベテラン社員である必要はありません。入社2、3年目の若手で充分ですが、ジェントル・レディであるべきです。

「あの学生と一緒にランチを食べて、君が彼と（彼女と）一緒に働きたいか、その感想を私に提出してください」

そう言って送り出します。

あとでその感想文を見ると、ものの見事にその学生の適性がわかるのです。

同じことを男性社員にやらせると、わかったふりをして「彼は優秀で、社内の誰々に似たタイプである」といったような報告を書いてくるものですが、それは私と同じ視点なので、全然参考になりません。

むしろ女性社員が、「直感でモノを言うようですが、ここが不安です」というような書き方をしてくると、その不安がどんぴしゃその人を言い当てていることが多いのです。どうやら、女性のほうがそういうセンスに長けているようです。

そういう女性社員こそ、前述の理知的な副社長候補になるのかなという気がします。

一緒に**営業に廻って相手の感想を聞いたりしながら教育していく**のです。

あなたの人の見方は凄く正しいので、あとはこういう本を読みなさい、こういう勉強もしてみなさい、こういう人と付き合いなさい、とアドバイスしてあげる。その繰り返しの中で、女性幹部社員として育っていきます。

もちろん、女性には結婚と出産・育児という「事業」が待っていますから、それも考えた上で、**複数の女性を長期的なスパンで育成する**ことが大切です。経営者の思う通りにはことは進みませんが、意外な原石に出会うかもしれません。

それもまた、女性が活躍する組織作りの大切なポイントです。

4章

崩壊寸前の管理職を救う会社の仕組み

管理職を守る　10の鉄則

・鉄則・6
エース社員ほど、部下指導が苦手

・鉄則・7
「売上」重視より「人事」重視

・鉄則・8
社員の時間を必要以上に奪うな

・鉄則・9
社長は2割の時間を管理職指導にあてよ

・鉄則・10
縦長組織はNG。中小企業の組織は絶対に文鎮型

鉄則 1
管理職は圧倒的な仕事量と
戦っている

鉄則 2
「上司は尊敬されて当然」の時代は
終わった

鉄則 3
危険信号の出ている管理職は、
決して焦らせない

鉄則 4
変化を楽しめる管理職に育て上げよ

鉄則 5
管理職を孤立させない

鉄則1 管理職は圧倒的な仕事量と戦っている

会社に行きたくない上司たち

毎年3万人以上が自殺する日本。その中でも会社勤めの中高年の自殺が突出して多いそうです。企業で言えば、部課長クラスといったところでしょうか。本来であれば企業の大黒柱として最も輝いているはずの彼らが、なぜそのようなことになってしまうのでしょうか。

先日のある新聞に、『その不調、うつ病かも？　不眠、気力減退、2週間続けば診断を』という記事が掲載されていましたが、職場の精神疾患問題は人事部の最大課題になりつつあります。

現在の日本の企業社会では、**管理職の精神疾患が数字に現れる以上に激増している**と実感しています。一般的な職場におけるうつ病の発生割合はおおよそ5％と言われていますが、私の実感では、ストレスの高い業種ではその倍近い10％ほどであり、管理職では20％

近くに達するのではないかと見ています。

なぜ彼らに過剰なまでのプレッシャーがかかってしまうのか。

それは**今日の企業環境激変による、管理職業務の負荷激増**が理由です。


管理職の仕事が激増した背景には、日本の労働者の人件費高騰と、IT化による情報の複雑化、高度化があげられます。

企業にとって、生産現場から消費市場まで、地球規模で国境の概念がなくなりすべてがグローバル化した今日、日本人労働者の人件費はドルベースで世界的に見てもトップレベルにあり、30年前と今年を単純に比較すると約3倍の価値（円高）となっています。

もちろん給与額そのものは、1980年代初頭と現在とでは、円ベースでも確実に上昇していています。この不況下にあって給与ベースも多少は下がっていますが、世界的に見れば、円高の影響で私たち**日本人の給料は（ドルベースでは）相変わらず世界一の水準**にあるのです。

付加価値の高くない仕事、たとえば製造業務などは海外移転することでコスト減が図られましたが、管理職コストは海外移転させるわけにはいきません。単純に人員減と業務範囲の増加でコスト減を図るしかありません。

中間管理職にとって受難の時代

このような事情から、管理職一人一人の仕事量と担当範囲が圧倒的に増えたのです。これは、時間あたりの処理すべき仕事量が増えたことを意味するとともに、管理職にとっては**一番ストレスのかかる判断業務も激増した**ことを示しています。

たとえば営業部門の管理職は、以前であれば部下の営業マンが5人、顧客の数は50社を管理することが主な仕事だったとしたら、今では部下が10名に顧客が100社。しかも部下の育成が追いつかず、自らも20社ほどの顧客を担当しなければならない、などという状況に陥っています。

開発や事務部門でもこうした現象は起こっており、いわゆるプレイイングマネージャーの急増に繋がっています。こうなると、**管理職は目先の業務成果ばかりに目がいき、どうしても自分の部下への対応が遅れがち**になります。

それだけでなく、管理職には部下育成や定着のためのコミュニケーションという大変労力のかかる仕事も、同時に課されているのです。

ＩＴシステムの発達により、形式的には一人で大勢の部下の情報を管理できるようになり、社長から新人社員まで、電話一本、メール一通で繋がることが可能な時代になりました。

しかし皮肉なことに、ただでさえ多忙な管理職は、**大勢の部下とのコミュニケーションに時間を割かなければならなくなった**のです。

そうでないと部下のモチベーションが落ち、育成に失敗してしまいます。部下の育成や定着も管理職の重要な責務の一つになったのです。

これほど中間管理職が大変な時代は過去になかったと思います。

多くの管理職が心の病になるのも、やむをえないことでしょう。

・鉄則・2 「上司は尊敬されて当然」の時代は終わった

自分の弱みと向き合えない未熟な管理職

それまで現場の最前線で活躍していた若手のエースが、管理職になったとたんに潰れるというのもよく聞く話です。

年功序列で人事が行われていた時代には、管理職に昇格するまでにたっぷりと時間があり、業務経験だけでなく、人間的にも磨かれていくような時間や教育の場がありました。上司や先輩の背中を見ながら、体験的に学んでいくような管理職育成のプロセスを経て、初めて上司として部下を持ったのです。

ところが現在は、そうしたゆとりが企業、個人双方になくなり、**人間として未完成なままに管理職に昇格してしまい、同時に高い成果を求められる**厳しい時代です。

一般的に一スタッフであった時代には、その人の強みを上司（会社）に活かされて、評価されて育てられていきます。

他人とのコミュニケーションが得意な人は営業に配属され、さらに対人関係構築能力に磨きをかけたでしょうし、数字に強く、事務の正確な人は経理部門に配属され、その適性を磨き続けることができます。

最初からできない短所ばかりを指摘され続けたらすぐに潰れてしまうので、その人の長所を伸ばして、ひたすら成果を上げていけばよかったのです。

ところが管理職になると、一転して「部下を伸ばす」立場に変わります。経験も少なく、能力の低い部下や自分とは違う価値観を持つ部下を理解し、コミュニケーションを交わし、**彼らを育てながらチームとしての成果を出さなければならない**のです。これは大きな環境の違いです。

そのためには、自分の強みだけでそのまま突っ走るわけにはいきません。自分の弱みと対峙する必要性が出てくるのです。

彼らにとって、これが**職業人生最初の修羅場**になります。

今まで強みを活かして高い評価を得てきたのに、立場が変わると一転して、より高いレベルを要求されて途方に暮れる。しかも、教わったことも経験したこともほとんどなく、どうしてよいかわからない。自分を押し殺して、部下の話を毎日聞いているとイライラしてきて、かえって感情的に叱りつけてしまう。

そんなことの繰り返しで、**達成感もモチベーションも感じられずに疲弊していく**、という管理職が多いのです。

また、若いスタッフが昔のように管理職という立場を畏怖し、尊敬することはあまりありません。むしろ自分たちの相談役、あるいはコーチのような存在程度にしか見ていない場合が多いようです。

私たちが新人社員だった頃、管理職、つまり上司は会社の存在そのものでした。その言葉には絶対服従でしたし、上司のようになりたい、あんな大人になりたいという、怖いけれど信頼できる存在でもありました。時には家族ぐるみで付き合ったり、仲人をお願いしたりもしたものです。

ところが昨今の若者にはそんな感情はありません。90年代後半の就職氷河期を体験し、自分の親世代を次々とリストラする日本企業の体質を知ってしまった若者たちは、無分別な会社信仰を持たなくなりました。会社に対して終身雇用を期待したり、年功序列で出世することを期待したりもしていません。

だから、**会社の代名詞である上司を単純に尊敬することもなくなった**のです。

――会社とは、自分自身を成長させるところ。早くスキルを身につけて、より高いキャリアに挑戦しよう。

今の会社を、そんな踏み台のような意識で考えている若者も少なくありません。

上司とは、これを実現するためのパートナーのようなものかもしれません。

このように、企業内に脈々と受け継がれてきた**上司に対する健全な尊厳が喪失し、短期間の業務成果だけを会社から強く求められる**ようになってきたため、現在の管理職は疲れ果てているのです。

鉄則3 危険信号の出ている管理職は、決して焦らせない

高いストレスが当たり前の時代に

これまで述べてきたような背景もあり、現在では、潜在的なものも含めれば管理職の2割は強いストレスを感じながら働いているのではないかと私は見ています。

経営者としては、管理職の負荷をどう軽減するかが大きな人事課題であることは間違いありません。

経営者ができることは、まずは基本的なことですが、**毎朝彼らの顔色を見る**ことです。彼らの多くは無口で、簡単に愚痴や不安を口にしません。だから、目の輝きや顔色の変化から危険信号を察知する必要があるのです。

その上で、苦しそうな部下がいれば、声をかけて雑談しましょう。子供ではないので、「最近どうだ。疲れてないか?」程度の投げかけでよいと思います。

管理職といえども、**上司（経営者）が自分を見ていてくれることはとても嬉しい**もので

す。ただ彼らは分別のある大人なので、口に出して泣き言を言いません。

環境の変化と負荷の急増が避けられないこの時代、初期の精神疾患の対処方法は、成果を焦らないことだと言われます。「環境が変わってもじきに慣れる」と彼らに言い聞かせ、時が解決するのを待つのです。

経営者が**自らの失敗体験や、同じような状況をどう切り抜けたのかをゆっくり話してあげる**だけでも、とても効果があります。

特に、異動などにより成績が下がってしまった管理職に対して、急《せ》かすようなことをしてはいけません。

同時に、不眠などの症状が出ていれば、**「精神疾患なんて風邪と一緒」という認識を持ち、早く専門医にかからせる**ことです。メンタル面で不調に陥った人が「恥ずかしい」と思わなくてもいいように、日頃から啓蒙《けいもう》教育を行っておくといいでしょう。

現在ではうつ病は珍しくもなんともない病気ですが、それでも本人はとてもショックを受けます。「まさか自分がうつ病だなんて……」と、現実を受け入れられないのです。

心の病を恥ずかしいだとか、人に話せないことだという雰囲気をなくし、オープンにできる職場環境を作ることもとても大事です。こうした環境作りは経営者以外、なかなかできません。

ちなみに、私はもう5年以上パニック障害という精神疾患が治りませんが、このことをオープンにしています。メンタル面の不調は当たり前の時代であり、社員に少しでもメンタル面の心配があれば、変なプライドによって隠そうとせず、すぐに専門家に相談できるような雰囲気を作りたかったからです。

鉄則4

変化を楽しめる管理職に育て上げよ

管理職に適しているのはどんな人か

これまで述べてきたような、様々な面での激変の時代を乗り切るには、変化を前向きにとらえて楽しむ力を備えることがポイントとなります。

経営者としては、管理職に登用するときに、柔軟性の高い生き方をしてきた人にフォーカスするという手があります。たとえば子供時代から親の事情で転校を繰り返してきた人だとか、経済的にも精神的にも厳しい状況を生き抜いてきた人は、その**人生の中で心が鍛えられている可能性が高い**のです。

あるいは、楽観的で好奇心の強い人も管理職候補となります。

彼らは、慎重さには欠けるかもしれませんが、「まずはやってみよう」というエネルギッシュな人たちです。「やってみなければわからない」という、行動の中で学習する能力も持っています。

こういうエネルギッシュな管理職がいると、部下もそれを見習います。変化の時代は部下にとっても生きにくい時代なのですが、彼らもまた管理職を見習って「変化を前向きに楽しもう」という傾向が出てくるのです。

反対に、**敷かれたレールの上を歩んできたような人には生きていくのが難しい時代**になりました。着実な成功体験を積み重ねてきた人は真面目で責任感が強く、安定の時代には強みを発揮します。

しかし一方では、慎重性が高く弱気なため、新しい局面になると「自分にできるだろうか」という不安が先になってしまいがちです。そのため「まずはできることからやってみよう」という組織から取り残されてしまい、これが繰り返されるうちに悪い循環に入ってしまいがちです。

同時に、こういう変化の時代に大事なことは、**仕事をする上で基本となる価値観をきちんと教育する**ことです。たとえば、

「相手の立場で考えることがコミュニケーションの基本」
「顧客の立場で顧客のためにとことん考え抜くことが顧客志向」
「自分より仲間を第一に考えられる人だけが、尊敬される上司になる」

「嘘や不誠実はどんなときでも絶対にいけない」

といったことです。

理念にいくら立派な言葉が書かれていても、それだけでは社長の自己満足にすぎず、教育とは呼べません。若い頃から骨身にしみるほど、日常業務を通じてこうしたことをしっかりと教えることが真の教育なのです。基本となる価値観は普遍ですし、最後にものをいうのは基礎能力だからです。

変化を柔軟に受け入れながらも、こうした**ぶれない価値観と能力を持った社員**が正しい判断をして会社をリードしていくのです。

反対に、業務達成上のスキルやノウハウだけを学んできた者にとっては、本当に厳しい時代だと言えるでしょう。そのような人を見るにつけ、私には何が正しくて、何がダメなのかわからないまま、舞台の上でただ踊っている哀れな姿にしか思えません。

●前向き発想のスイッチに切り替えるために

管理職教育の一つの方法として、管理職を集めた2、3日の合宿を組み、会社全体の中期計画作りをさせてみることをおすすめします。その際、経営者や影響力の大きい役員は、なるべく議論に参加しないようにします。

話し合いは、「わが社が目標に向かっていくために、現在の問題点は？」というような部分からスタートすると盛り上がるでしょう。単なる問題点であれば、誰でも気軽に発言しやすいからです。

こうして出てきた問題点を数人ごとのチームに分かれて分析し、会社の本当の問題を話し合っていく過程で、客観的な課題が見えてくるものなのです。

一人だと不安になって萎縮《いしゅく》してしまいそうなこうした問題を、**仲間の管理職同士でじっくり話し合う**効果は絶大です。自分と会社の強みや弱み（課題）が明確になると、やるべきことが明確になり、行動力に繋がっていきます。また、会社をよくしよう、発展させていこうというモチベーションも高まります。

ここで発見された課題をどうやって克服し、会社の目標を実現していくのかということをとことん話すことで、管理職同士のチームワークも生まれてきます。普段は本当に忙しく、ろくに情報交換もできない彼らが、2、3日こういう合宿をすることで絆《きずな》と意識を深め合うのです。

こうした機会を最大限活かすために、社長自らが最終日あたりに参加し、彼らの努力を

■■■管理職の思考変革へのステップ■■■

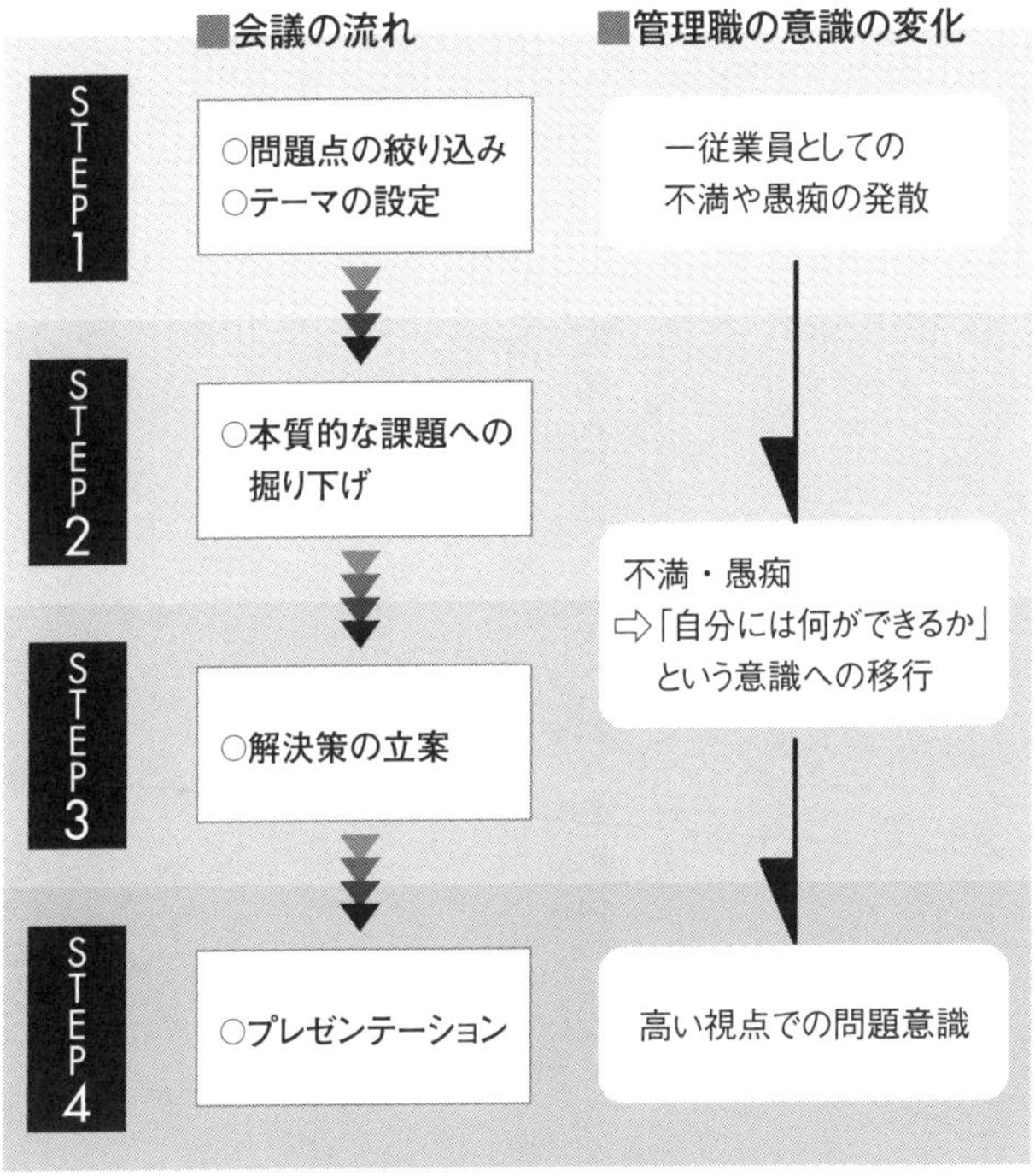

このステップを経ることで、管理職は

●変化に対する不安から脱却できる

●当事者意識が醸成される

●問題解決スキルが向上する

認めた上で、**一緒に経営に参加してほしいという気持ちを伝える**ことが大切です。こうすることで、合宿で生まれた「やる気の炎」が、職場でも燃え続け、成果を生み出すのです。

また、柔軟性を高める方法として、このセッションの一部に「何がどう変わると思う?」というような、変化を楽しむトレーニングを取り入れてみます。

世界市場や日本経済の変化をデータで示して、この先どんな変化が起こるのかを言い合ってみる。しかもネガティブな見解ばかりを言わせるのではなく「ポジティブな予測をしてみてください」とテーマを与えてみる。

そういう訓練の繰り返しの中で、管理職たちは変化という不安から脱却する方法がわかってきます。少なくとも、**変化を受け入れることへの抵抗感はなくなる**はずです。

一人でも多くの管理職を「変革リーダー」に変えていきましょう。これこそ変化の時代における管理職教育なのです。

・鉄則・
5
管理職を孤立させない

部下指導の悩みを仲間で共有する仕組み

管理職になると、売上などの業績報告は定期的な会議の場で行いますが、部下指導や彼らとのコミュニケーションに関する悩みを報告したり、相談したりするのは上司または経営者だけ、というのが一般的だと思います。しかも改めて時間を取るか、一杯やりながら話すというパターンが多いようです。

しかしそれでは、多忙な現代の管理職のサポート体制としては不充分です。できれば、**業務報告の中に人事報告も入れて、会議の場でオープンに話し合ってみる**のはいかがでしょうか。

当社では、すでにこの制度を取り入れています。

たとえばある部門では、20名のスタッフがおり、3人の管理職がいます。それぞれ6、7名の直属の部下を持っているわけですが、毎週1回管理職全員で集まって、20名全員についてのその仕事ぶりのレビュー（振り返り）を行うのです。

「前の週に問題になっていたA君のプライベートの課題は解決したのかな？」

「今週は逆にBさんが躓《つまず》いてしまったようです。クライアント担当者とのコミュニケーションに問題があると言っていました」

「それは早めに解決したほうがいいね。支援体制はどうですか？」

など、部署内の**スタッフの情報を管理職全員で共有して、チーム全体で解決しようという試み**です。


これまで日本企業では、このように部下の情報を共有し、管理職が横の軸で連携することはありえないことでした。なぜなら部下のマイナスは上司の責任という常識が働き、こういったことをオープンに話し合う土壌がなかったためです。

けれどもこれまで述べてきたような激務にある管理職を、孤立させてはいけません。一人で黙って部下の悩みを背負ってしまうとつぶれます。そうではなくて、チームで管理して横の連帯で解決していくことです。

いわば**互助会のような組織を作る**のです。

こうした仕組みができあがり、管理職が悩みを抱えずに相談し合うことで組織の効率は上がります。

能力以上の仕事を任され、過剰なまでの責任感を持つ彼らを孤立させず、新しい考え方で仕事をさせてみてください。

その際には、まずは経営者自身が促して、それぞれの管理職が抱える社員についての報告を会議で受けるようにしてください。これにより、**経営者が売上と同様、あるいはそれ以上に部下育成に関心を持っている**、ということが伝わります。

鉄則6 エース社員ほど、部下指導が苦手

仕事ができない部下の気持ちがわからない

――互助会なんて面倒くさい。俺は一人でチームをマネジメントできるし、誰にも相談しない。

そう豪語する管理職もいると思います。

彼らは往々にしてスタッフ時代は長所を存分に発揮して、ナンバーワンの実績を上げてきたAクラス社員です。経営者から見たら、社内のエースでしょうから、管理職としても大いに期待をかけたいタイプでしょう。

けれど、こういう人こそ気をつけてください。管理職になったとたんに、**暴走して自らバタッと倒れることがある**のです。あるいは部下を追い込んで、つぶしてしまうこともあります。

つまりAクラス社員には、仕事ができない者の気持ちがわからない。なぜその仕事がう

まくできないのかがわからないのです。

このタイプが管理職になると、部下にそっぽを向かれたり、チームがばらばらになってしまったりします。本人も**初めての挫折であり、一度は落ち込む**ものです。

問題はその後です。

彼（彼女）が本当にAクラス社員なら、その失敗から這《は》い上がってきます。人の気持ちを理解しようと努め、チームで仕事をこなすことのコツを身につける。そして**再びチームの成績を上げられるようになれば、その人は本物のAクラス社員**と評価できます。

もしここで落ちっぱなしでチーム・リーダーとしての役割がこなせなかったら、彼（彼女）はAクラス社員ではなかったと判断すべきでしょう。

Aクラス社員のことは黙って見守る

こういう管理職を前にして、経営者はどうすればいいのか。

成功体験しかない彼らは、簡単に上司や経営者のアドバイスに耳を傾けないでしょう。ですから、細かいことはあまり言わず、傍観することです。多少苦労しても簡単に声をかけず黙って最後まで見続けるのです。

ここは、自分の力で切り抜けていかなければならないステージですから、**見て見ぬふりをしながら、高所から観察することが上司の役目**です。

なぜなら職業人として、仕事のレベルやポジションが上がっていけば、常に新しい課題とぶつかります。こういうタイプの人は、人一倍の向上心を持っているので、それは避けられません。そのときいちいち上司からの手助けを必要としているのでは、そもそもAクラス社員とは言えないのです。

課長クラスの管理職止まりなのか、部長や取締役、あるいは次期後継者にも抜擢できる社員なのか否かは、すべてここでの取り組みに関わってきます。ここで自分を変えるなり状況を切り開けなければ、それ以上のポジションは任せられません。

落ちる者は落ちる。伸びる者はさらにここから伸びていく。

経営者の冷静な眼力が大切です。

・鉄則・7

「売上」重視より「人事」重視

●経営者の時間と精神を人事に向ける

ここまで述べてきて、経営者のみなさんの中には「人事はなんて面倒くさいんだ」と嫌になっている方もいらっしゃるでしょう。

ことに**中小企業の経営者の場合、その多くは職人気質の持ち主**です。営業マンとして並外れて優秀だった人、物作りで優秀だった人、コンサルタントとして優秀だった人など、すべて何かの分野で人並外れて優秀だった人がその技を軸にして独立して作ったのが、中小企業です。

そういう職人にとって、新卒採用を続けること、女性を大切にすること、管理職を育てることなどは、まるで別世界の課題に映るのではないでしょうか。

――そんなに難しいことを考えるくらいなら、中途採用でポジションに相応しい人を採ってきたほうが楽じゃないか。

多くの経営者は、そうやって失敗してきました。それでは根本的な問題解決にはならないのです（5章参照）。

これまで、人事をテーマにしたビジネス書は数多く出されましたが、経営の本質に迫ったものはなかったと思います。経営者が人事をどう扱えばいいかというテーマは、誰も考えてこなかったのではないか。人事のすべては、**経営者の勘と閃《ひらめ》きで行われてきた**のです。

けれど繰り返し述べてきたように、人事を戦略として考えないと、これからの経営は立ち行かなくなります。人材育成と人材投資が戦略として考えられなければ、少なくとも中・長期にわたる組織の発展はありません。

その意味で私は、経営者のみなさんに改めてこう言いたいと思います。

「人事に投資するとは、経営者の時間と精神を人事に向けることだ」と。

大好きな**営業や商品開発と同じだけのエネルギーを、社員にも向ける**のです。このことは経営者以外にはできませんし、他の人ではそもそも効果がありません。

これはつまり、「組織力の強い、安定して発展する会社を創ろう」という決意の表れなのです。言葉を換えれば、企業の理念あるいは企業文化創りと言ってもよいでしょう。

●鉄則● 8

社員の時間を必要以上に奪うな

社員を私物化しない

誰もが高いストレスを抱える中で、管理職や社員とともに会社を成長させていかなければならないこの時代、**「時間」という観点からも従来の考えを変えていく**必要があります。

そのために私が提唱しているのは、社員の時間を必要以上に縛ることはやめようという考え方です。

わかりやすく言うと、社員を私物のように扱わない、ということです。

経営者にとって会社とは人生そのものかもしれませんが、社員にとっては生活や自己実現の場でしかありません。社長と社員という関係も、冷静に考えれば、「働く場における上司と部下」であり、「それぞれの役割と責任を全うする」ことで成り立っているだけです。

であれば、彼らを必要以上に縛る必要も権利もありません。

さらに、時間というものは社員にとってますます重要になっているのです。これまでの企業は、社員の働きに対しては給料アップで応えていけばいいというのが基本でしたが、会社全体の収益が上がらなくなった現在、給与だけでなくもう一つ、時間というリソースも活用しなければいけなくなったからです。

こと**中小企業においては、往々にして社長自身が長い時間を仕事にかけてきただけに、社員にも同様のことを求めがち**です。ところが、時代は変わり、そういうやり方では誰も幸せになれないのです。

この不況が終わったあと、どんな経済環境になるかはまだ誰にもわかりません。とはいえ、バブル期のような経済の膨張はありえないだろうし、世界経済において、日本だけが堅実な成長をするとも思えません。

これまでの経済成長は、海外の安い労働力を使って高付加価値のモノを生産し、それを先進国で高値で売るという「経済的浸透圧」を利用してなし遂げられてきました。ところが東欧圏の消滅や中国やインドといった人件費の安い新興国の成長で、この図式が成立しなくなってきました。

世界中が一物一価になる中で、**日本企業だけが成長を維持して高人件費を捻出《ねんしゅつ》するのは**

難しい状況です。

となると、日本人の所得はドルベースで世界標準まで落ちていくとも考えられます。そうであるならば、日本経済の回復は疑問符がつくばかりです。

●給料でなく、生活の豊かさを保証する

私は、日本人は今までのように所得を上げて物質的対価を得るというモチベーションサイクルから抜け出さざるをえなくなってくるのではないか、と見ています。同時に、**貨幣価値では計れない生活の豊かさを求める方向になる**のではないか、と思うのです。

これが働く人たちの最大の価値観の変化です。こうした変化を理解、活用できる経営者と、そうでない経営者に大きな差がつく時代だと言えるでしょう。

その大きなリソースの一つが「時間」です。

家族サービスや趣味の時間、あるいは社会貢献の時間をもっと多くとってもいいでしょうし、家庭と会社という2軸以外にもう一つ、趣味や地域や社会貢献という軸を持つのもいいのではないでしょうか。会社がそういう**生き方を積極的に支援して、社員の価値観を豊かにする**方向で動けないだろうかと私は考えます。

会社に滅私奉公してきた人たちは、最初は時間を持て余してしまうかもしれませんが――。

社員の育成を考えるときも、入社当初は団子状態だった出世競争が、第2コーナーを廻り第3コーナーあたりにくると、だんだんと集団が崩れてきます。その中には将来の後継者候補のエース社員もいるでしょうが、この段階で「ボクは降りる」という人も出てきます。

そういう人たちに対するケアとしても、時間の自由という選択があってもいいはずです。すでに述べた当社の「パパの日」制度のように、週に1日は早退を認めるとか、在宅勤務の日を作るとか、数年に一度1カ月の長期休暇を認めるとか、様々な方法があると思います。

こうした施策を取り入れている中小企業はまだまだ少ないのが現状です。ですから、こうした取り組みを今すぐに始めれば、それが**差別化された人事戦略**となり、やがて優秀な人材が押し寄せてくる会社になることでしょう。

鉄則 9 社長は2割の時間を管理職指導にあてよ

貴重な時間を誰に割くか

「経営者の時間と精神を人事に向ける」と書きました。理想としては、経営者の時間の2割は社員育成のために割くべきだと私は考えます。

ここで大切なことは、誰に向かって力を注ぐかを厳選することです。つまり貴重な経営者の時間を割くべき社員を、きちっとセグメントするのです。

将来の幹部候補生であったり、**後継者候補であるAクラス社員とのコミュニケーションは、経営者自らがしっかりと行うべき**です。副社長や専務等に任せてしまうと、意外な齟齬《そご》が生じるものです。経営幹部、Aクラス社員など大切な人から優先順位をつけて、「2割」の時間を有効活用することを心がけるべきです。

ここで言うコミュニケーションとは、具体的には役割かプロジェクトで仕事を直に任せ、報告させ、アドバイスをすることと定義してもいいでしょう。たとえば業務改革プロジェクトの委員に任命するとか、経営幹部会の事務局をやらせるなど、どんな方法でもいいので、**自分の目に入る範囲に置く**ことです。

あるいは最重要顧客を担当させるというのもいいでしょう。とにかく「これは」という社員に関しては、経営者自らが時間と手間をかけて育成することです。ここでの手抜きはのちのち大きな問題になります。

経営者は、報告を受けるとき、会議で議論させているときに、彼らの話を真剣に聞くだけでなく、一人一人のレベルと状態を把握する必要があります。

コミュニケーションを通じて人を育てるコツは、「その時間は部下の立場になり切る」ことです。往々にして経営者は、自分が一番偉いと思い込んでいますから、自分が話すことは得意でも、部下の話を聞くことはまずヘタクソです。とにかく我慢ができないのです。部下の報告や相談を聞く際には、頭の切り替えがポイントです。

上司として自らできる仕事を彼らに任せたわけですから、当然報告させる必要があるし、高い視点で彼らの業績と力量を把握し、期待するレベルとの差異を理解した上で、**適切なアドバイスをすることもやはり大事な仕事**なのです。

・鉄則・10

縦長組織はNG。中小企業の組織は絶対に文鎮型

自分へのご褒美はもう少しあとで

前期に過去最高益を上げた企業が、いきなり債務超過で倒産するような変化の激しい時代にあって、中小企業の経営者が最もしてはいけないことは、楽をすることです。

ある時期業績がよかったからといって、「ここは専務に任せた」「ここは常務がやってくれる」と部下任せにして進捗《しんちょく》を管理しなくなると、思わぬところから足もとを掬《すく》われます。

その象徴が、大企業のような組織図を作ってしまうことです。経営者を頂点として取締役、部長、課長、係長といった**縦長の組織図を作り始めたら、それは組織の危険信号**と考えてください。

そもそも中小企業の多くは、実質的には家業の域を出ていません。オーナー経営者の鶴の一声でほとんどのことが決まっていくのですから、大げさな組織図や人事制度などは無用の長物以外の何ものでもありません。

企業が成長ステージに入ると、嬉々《きき》として人事コンサルタントに高いお金を払って大企業のようなピラミッド型の組織図や分厚い人事制度を作る経営者がいます。

けれど、いざその**組織図の流れで仕事をやってみると、まったく前に進めない**ケースがいかに多いことか。社員は会議の多さに辟易《へきえき》して、管理職たちは社内情報の風通しの悪さに疲弊していきます。

一人悦《えつ》に入っているのは立派な社長室に収まった経営者ですが、業績が急低下して目が覚めることになります。

むしろこれからの中小企業は、絶対に横長の文鎮型の組織でなければいけないのです。経営者の下に**管理職が数人、あとは全員スタッフという形が理想**だと私は思っています。言葉を換えれば経営者の携帯電話に、いついかなるときでも現場の情報が入ってくるような組織こそが、今の時代に相応しい組織なのです。

つまり、階層は一つだけで、課長、部長、局長などという多層構造はないほうがいい。現場の声が一人の管理職を経るだけで経営者に伝わるくらいの組織でなければ、激変の時代に臨機応変の対応は難しいと思います。

求められているのは、組織全体が顧客に向かっている組織です。大企業のように、下に行けば行くほど社員の視線が顧客ではなく上（上司）に向かっているような組織では、とてもこの時代のマーケットの変化に太刀《たち》打《う》ちできません。

●権限委譲というサボリをしたいのが社長の本音

もう一つ言えるのは、日本企業のコミュニケーション・ロスです。係長の上に課長がいる。その上に部長がいる。その上に本部長がいる。そういう重層型の組織だと、どうしても上に相談しないといけないという風潮が生まれます。現場で判断できることも、いちいち上まで情報を上げてその決定を待たなければなりません。そのために、何度も何度も会議が開かれていたのです。

このための時間も労力ももったいない。明らかにロスです。そんな**報告や意思決定はメールで充分**です。経営者が決断して一斉メールで返信すれば済むものです。

これからの組織はスリムでシャープなものでなければいけません。

文鎮型組織は、経営者の負荷が極めて高くなります。そうなることは、実は社長のみなさんはよくわかっているのです。だから業績が上がると、「人材育成」などと自分の心に嘘をついて、「権限委譲」というサボリを始めるのです。当たり前のことですが、中小企業とは社長がすべてを計画し、リスクをとり、全社員を鼓舞しながら目標に向かっていく組織です。業績が上がって、多少優秀な社員が増えた程度でこの構造は変わりません。ですから、成長過程で未完成の中小企業が、こんなことをしてよくなるはずがないのです。

確かに業績が上がると、過去の自分の苦労に対してご褒美をあげたくなる気持ちはわかります。立派な社長室や秘書、あるいは大企業のような人事制度や、一流企業出身者で切れ者タイプの幹部役員もそうかもしれません。

しかし冷静に考えてみると、自分の仕事を完全に任せられる人材を育てたり、大企業のように組織で仕事が進められるようになるには、10年単位の年月と諦めない努力が必要です。ですから、いくら業績がよくなっても物事の順番を間違えてはいけないのです。

社長が**楽したいのであれば、誰か一人にその大変な仕事と権限をそっくりそのまま渡してしまう（つまり引退する）しかその対処法はない**、という覚悟を持ってほしいと思います。この覚悟なくして、明るい企業の将来は語れないのです。

5章
後継者の選び方、育て方

会社をつぶさない後継者選び　10の鉄則

・鉄則・ 6
利他的精神は後継者の必須条件

・鉄則・ 7
新入社員を10〜20年かけて育てる

・鉄則・ 8
氷河期就職組なら中途でも優秀な人材がいる

・鉄則・ 9
経営者目線を徹底的に叩き込め

・鉄則・ 10
調整型と攻め型、二人の幹部に任せる方法も

5章

・鉄則・1

創業者のDNAのない幹部は
失敗する

・鉄則・2

幹部の条件は経験より
「社長と価値観が合うか」

・鉄則・3

後継者はお金で買えない

・鉄則・4

外様幹部の成功率は2割程度

・鉄則・5

後継者選びでは人間力の高さを
見極めよ

鉄則1

創業者のDNAのない幹部は失敗する

中小企業の幹部採用は社長のサボリ

私は社会人になって以来、そのほとんどを人事畑で働いてきました。独立してコンサルタントになってからも、もう10年以上経ちます。

ですが、今までの経験から記憶を振り絞っても、一般的な**中途採用で経営者の右腕を雇ってうまくいった例を見たことがない**のです。この中途採用者とは、いろいろな企業で多様な経験を積んだベテランを指しています。きら星のようなキャリアを積んだ人でも、中途採用で中小企業に入ってうまく社長の右腕になるのは、案外難しいのです。

大企業であれば、「外様《とざま》幹部」でも成功しているかもしれません。BMW東京社長からダイエーの会長になった林文子さん（現・横浜市長）や、マイクロソフトの社長になった樋口泰行さん。あるいはマクドナルドの社長になった原田《はらだ》泳幸《えいこう》さんなど、最近では右腕どころか経営者がヘッドハンティングされて、それなりに成功を収めています。

これら大企業では、組織の包容力もあり、成功例を見ることができますが、中小企業の場合に限るときれいな成功例はほとんど思いつきません。

おそらく中小企業というものは、**創業者やオーナー経営者の強いDNAが何年もかけて組織の中に染み込んでいる特殊な組織形態**だと思うのです。これは、いわゆる「理念」に近いのですが、共有できる文字情報になっていることは稀です。

大企業で言うところの組織力というものとはほど遠く、社長のやり方を中心に仕事の進め方にある種の暗黙の了解があり、それを中心に会社が廻っているのです。しかも厄介なことに、これは外からは見えません。一緒に働いて初めてわかることなのです。

外部から経験豊富な人材がやってきても思うように力が発揮できないのには、中小企業独特のこうした特徴があるためではないでしょうか。

言葉を換えて言えば、**経営者のDNAと企業組織の常識が対立する**のです。つまり、能力の問題ではなく、血液型が合わないといった類《たぐい》の相性の問題なのでしょう。

同時に中小企業の経営とは、社長が自らの存在を賭けて行うものです。金融機関への連帯保証制度などその最たるものですが、大企業のサラリーマン社長のように「任された任期を、組織上の役割として全うする」という仕事とは次元が違います。

中小企業の経営は**日々危機と向かい合い、自らの全存在を賭けてそれを乗り越えていく**ことの連続です。大企業出身のビジネスマンは、数十年のキャリア人生で、ここまで崖《がけ》っぷちに立たされる経験はまずないでしょう。

銀行マンが50歳前後で取引先の経理部長とか取締役として一種の天下りをするケースは、中小企業ではよくあるパターンです。特に不景気になるとこのケースが増えるようです。企業にしたら、銀行OBを身内に入れることで少しでも融資が有利になるようにという狙いもあるのでしょう。

ところが、このような**銀行からの出向者の8割は失敗**しているようです。やはり血が交わらない、というのがその理由でしょう。

おそらく銀行員は、融資先の財務には強かったのでしょうが、事業運営そのものの経験に乏しく、実際に入社してみると手も足も出ません。

多くの中小企業は、経営者自身がルールであり、組織そのものです。経営者が黒だと言えば、白いものでも「黒」と言わなければいけないような世界であり、常識のある組織で仕事をしてきた銀行員のやり方が通用しないことが多いのです。

鉄則2 幹部の条件は経験より「社長と価値観が合うか」

財務諸表の読み方よりも価値観のすり合わせ

それにしても、なぜ銀行のOBを幹部として採用してしまうのか。

元銀行員には大抵は立派な紹介者がいて、その能力を大絶讃してきます。P/L、B/S等の財務諸表が読めます、人格も円満です、取引先の中小企業を立て直した経験も豊富です、などの前評判を聞いただけで経営者は信用してしまうのです。今までこんな社員はわが社にはいなかったな、と。特に、**出身大学のブランド、出身銀行のブランドに目がくらんでしまう**経営者は多いようです。

ところがそれらは、経営者の不満（一流大学出身の優秀な社員がいない）というニーズと転職者の経験がたまたま合っただけとも言えます。

若い世代の中途採用ならばこれでもいいかもしれませんが、幹部採用ということであれば非常に安易な発想と言わざるをえません。

幹部レベルがこの会社に合うかどうかは、経験よりも働く上での価値観とかビジョン（将来の目標）がしっかり共有できて、いわゆる「握れる関係」を作れるのかどうかがものを言います。

つまり、**幹部になればなるほど、過去の経験そのものはあまり意味をなさない**のです。履歴書や職務経歴書は単なる参考資料程度にしておいたほうがよいでしょう。

それよりも、食事でもしながら、仕事へのこだわりや志向、将来のビジョンが共有できるかどうかを確認してください。

大切なことは、いわゆる社長とウマが合うか否か。よい喧嘩《けんか》ができるとか、本音で話し合えるとか、経営者の孤独が理解できるとか、本当の意味で信頼し合えるかということに尽きます。これはもう理屈ではなく、お互いが感じるものでしょう。そういう時間をたっぷり取ってから採用、入社を決めるべきです。

入社する側の視点で見れば、待遇とか給料よりは、**この社長のために働こうと思えるかどうか、やる気になれるかがポイント**でしょう。

これは、世に広まっている中途採用のノウハウとは真逆の価値観かもしれません。しかし、この摺《す》り合わせがなければ、幹部の中途採用はまず失敗すると断言できます。

■■■年齢が上がると価値観のマッチングは難しい■■■

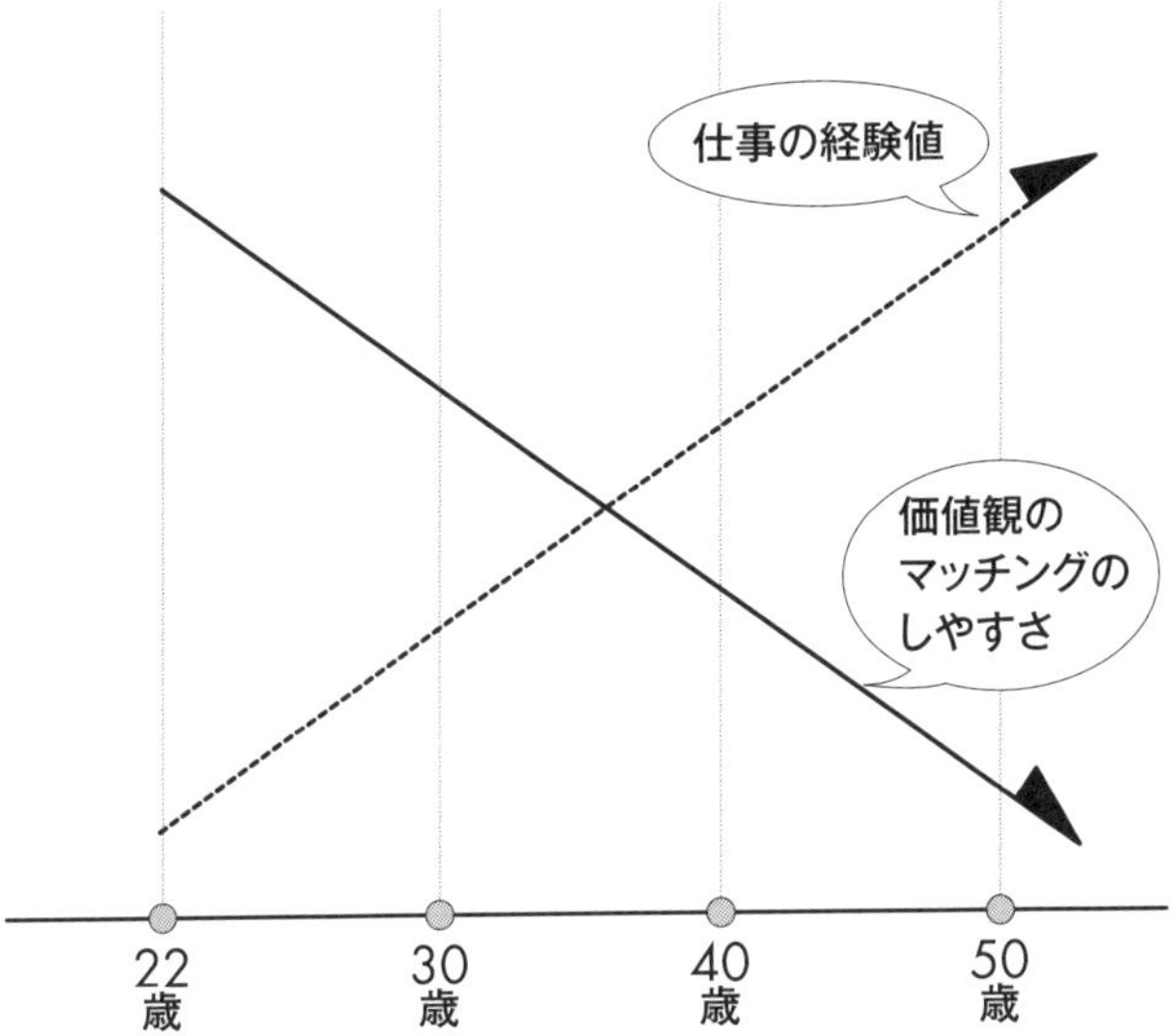

年配になればなるほど、仕事の経験値は高くなる。しかし、「社長の理念に共感できるか」「会社の居心地がいいと思えるか」「会社のために働けるか」といった価値観のマッチングは、年配になるほど難しい。ここに、幹部の中途採用失敗の原因がある。

銀行出身者独特の論理

では、最も例の多い銀行出身者の転職ケースをもう少し詳しく考えてみましょう。

彼らに共通するのは、**「自分たちのやり方＝常識」が一番である、という思い込み**です。一流大学でよい成績を修め、エリートとして入行した人が多いだけに、プライドも高い人が多いのでしょう。

そういう組織で長年育ってきた人が、中小企業に入ってうまくいかないのはどうしてでしょうか。

ある企業では、財務責任者として銀行出身者が働いていています。この人はまずまず経営者との価値観の摺り合わせができていて、うまく機能しているのですが、経営者が息子に事業承継を考え始めたときに考え方にズレが出てしまいました。

経営者は第2世代が経営に入ることを考えて、財務担当者にも新しい人材を起用したいと考えました。若手や新卒で優秀な社員を入れて、息子の代の財務担当にしようと考えたのです。

ところがその財務担当者は、

「事務幹部を一から育てるのは大変です。私の後任も取引銀行に頼めば大丈夫でしょう。新卒採用なんて面倒なことをする必要はありませんよ」

と言いだしたのです。

これは、**将来のビジョンに対するミスマッチ**です。

完成した人を持ってきて何年間か財務を任せていけばいいという考え方は、銀行が取引先企業を見る観点としてはわかります。

しかし、経営者は会社自体を大きく強固な組織にしたいので、一から新卒を育てたいと考えているのです。

これでは、会社を成長させたい、という大事な価値観が合っていないことになってしまいます。もしかしたらこのケースでは、銀行出身の財務責任者は、会社を発展させるというビジョンそのものにまったく関心がないのかもしれません。

余裕のない中小企業が、なぜわざわざ学生を採用し、育成にコストをかけるのかが理解できないのは、ある意味で合理的な考えです。

けれども企業幹部という立場でまずすべきことは、**社長がどのような会社にしたいのか、**

それは一体なぜなのか、を理解することです。それを怠り、自分の常識を押しつけるのは幹部としていただけない行動だと言えます。

恐らく社長は10年先を見据えて、優秀な学生を採ることを真剣に考えたのでしょう。それは、今年や来年といった**目先の収益だけを見ている立場では理解しえない**ことかもしれません。

鉄則3 後継者はお金で買えない

中途採用に走ってしまう社長の心理とは

経営者が、うまくいく可能性が低いにもかかわらず、ヘッドハンティングで幹部を外部採用したいと思うのはなぜでしょうか。

それは、創業以来目先の仕事や業績に追われるばかりで、そんな悠長なことを考える余裕がなかったからです。

私自身、中小企業を11年経営してきたのでよくわかります。多くの経営者にとって、「10年先を考えて」などというのは、創業10年以上経って、毎月の給与支払いに心配がなくなってからようやくできることなのです。ですから、気がついたら「誰も育っていない」「皆が俺の指示を待っている」という状態は、中小企業にとって極めて普通のことです。

経営者からすれば、**部下というのはそもそも一定の業務を自分の代わりに代行する者く**

らいにしか思っていません。日々会社のことを考え、勉強する自分とはどんどん差がつく一方。相談できる人などいるはずもなく、どうしても孤独感を抱いてしまいます。

だからといって若い部下に能力を超える仕事を任せないと、彼らは育ってきません。ですが、それはなかなか芽の出ない気の長い仕事です。日々の仕事に追われ、全部自分で手と口を出して部下を手足のように使ってきた結果、経営者はある日ふと気づくのです。後継者が育っていないことに――。

あるいは不意の病気や怪我をして、病院のベッドで「自分の身体が動かなくなったら会社はどうなるのか」という疑問にさいなまれたとき、同じように不安に襲われます。

――一体、誰に任せたらいいのか、と。

幹部、あるいは**後継者を育てるのは10年単位の仕事**です。しかし、多くの社長は今述べたように多忙なためそれができず、ある日突然不安になって「中途採用で賄おう」「お金で解決しよう」となるのです。

こういうケースの経営者は、たいがい一流大学、あるいは一流企業出身者が大好きです。外資系金融機関にいたとかMBAを持っているとか、そういう看板にコロッと騙されてしまいます。

確かに彼らは、ビジネス理論や経験は凄いものがあるかもしれませんが、「この会社をこうしたい」というような価値観を持ち合わせているとは限りません。逆に、大企業の一員という限定された仕事しかしてこなかった人が、いきなり中小企業にやってきてどこまでが役割かわからないような仕事はなかなかできません。

あげくには、**社内で浮いてしまったり、組織の士気を低下させてしまったりする**こともあるのです。

・鉄則・4 外様幹部の成功率は2割程度

●幹部のヘッドハンティングが成功したケース

とはいえ、数多くのケースを見る中で、珍しく幹部採用で成功したケースがあります。

成功の原因は何だったのでしょうか。

まずは**経営者と幹部の仕事に対する考え方がとても近かった**ことです。採用された幹部には、嘘をつかないとか、都合の悪い話はすぐに話すといった誠実な仕事ぶりがあり、この点が二人に共通する強いこだわりだったために、お互いを信頼し合うことができました。

同時に、入社後の幹部には、「この会社のために」という役割意識が高く、周りの人たちが彼を受け入れるのにそう時間はかかりませんでした。つまり自分が入ったことで何とか組織が大きくなってほしい、業績が上がってほしい、そのためなら身を粉にして働くという態度が、**周囲にとても好感を持って迎えられた**のです。

ちなみに、彼も一流大学出身の元銀行マン。これは珍しい成功例だと言えるでしょう。

彼を採用するときに、人事アドバイザーとして経営者の脇にいた私は、予め面接段階でこんな仕組みを作っておきました。

まず採用枠一人に対して、適性検査もした上で10名前後の候補者を絞り出しました。その中にはわざと、経営者の好きそうな華々しい経歴の人を混ぜておいたのです。

その上で面接をしてもらい、社長の希望を訊きました。

すると案の定、外資系企業の幹部として転職を繰り返してきたような、いかにもアグレッシブな人に対して感情移入したのです。あんな素晴らしい人にわが社に来てもらえたら、と言いだしました。今までも散々痛い目に遭《あ》っているはずなのに、懲《こ》りません。社長の好き嫌いはまったく手に負えないものです。

メリットとデメリットを予め理解する

そこで私はあえて異論をはさみ、なぜその人がダメなのかを諭しました。

——面接の中で感じられたのは、**自己中心的でプライドが高い性格**です。組織のために仕事をする人じゃないですよ。英語ができたって、そんなのはスキルがあるということであって、現場には関係ありません。転職回数の多さが、困難や高い目標から逃げてきた可能性を示していて、信頼性という点からも懸念が残ります。社長は藁《わら》にもすがる思いとおっしゃいますが、この人は本物の藁です。すがったら最後、会社が沈みますよ、と。

このときの社長の不機嫌な表情が、私には忘れられません。今まで誰にも反対されることなく、自分の好みだけで採用してきたのに、初めて正面から反論されたからです。

次に、私が本命だと思っている人に会ってもらい、こう言いました。

「この人は正直言って賞味期限は5～6年かもしれません。それ以上期待してはいけません。つまり後継者にはなりえないのです。前職の経験から考えると、たぶん経営の本質というものはわからないでしょう。

でも人間的には、とても信頼できそうです。正直で誠実な人柄が話していてわかりますし、面接の中で実際に検証できました。社長と**大きな衝突をすることもなく、よい関係が築ける**でしょう。何より、自分のことよりも組織を立てようとする。

すべてを任せてはいけませんが、日々の会社の運用をきちんと守るには最適です。全体的には、『買い』だと思います」

結果的にこの会社では、候補者の中では一番地味だったこの人を採用して成功しました。

ちなみに最初に社長が目をつけた候補者は、予想通りその後も数社を渡り歩いているようです。

幹部の中途採用に関しては、これくらいのしたたかさで臨まないといけません。夢のような人材に出会えるなんて思ったら大きな間違い。賞味期限あり、限定起用あり、多少の傷あり。そのくらいの**覚悟を持って、希望の2割がかなったらまあ成功**だと思ってください。

これが年収の3割ものマージンを人材紹介会社に支払う幹部採用の現実です。繰り返しますが、人材育成をしてこなかった社長のツケは高くつくものなのです。

・鉄則・5

後継者選びでは人間力の高さを見極めよ

●ビジネスマンとしての器が大きいかどうか

会社を創業した経営者は、10年くらいは無我夢中で目先の利益を追求したり、経営規模の拡大を目指して邁進《まいしん》していくものです。

その間は次期経営者の育成とか教育とか、そんなことを考える余裕はありません。

ところが創業後10年が経過する頃になると、経営者の年齢もそれだけ嵩《かさ》みますから、そろそろ次代の経営者をどうするかという課題が切実な問題になってきます。息子に託すのか、ナンバー2に託すのか、あるいは思い切って世代交代を図るのか。様々に思いを巡らせるはずです。

このとき、後継者候補の素養として、まず考えなければならないのは**ビジネスマンとしての基礎能力**です。

「向上心」「コミュニケーション能力」「適応力」など、基礎能力が高い人がいいことは言うまでもありません。ですが、それだけでなく、組織をまとめて、他から尊敬されるような魅力がないといけません。

一言で言うと、多くの**組織メンバーがついてくるような人間性と器、そしてその成長を支える高い向上心を併せ持った人**となります。

ところが、こんな社員はせいぜい100人に1人というレベルで、なかなか見つかりません。私はこういう人を「ナチュラル・リーダー」と呼んでいます。

大企業であっても、同期の新卒で2、3名しかいないナチュラル・リーダーをどうやって見つけるか。万が一見つけたとしたら、いかに採用し、育てていくか。後継者育成とは、つまるところこういうことだと思います。

ナチュラル・リーダーは、採用における適性試験や普通の面接ではまず判別できません。彼らを**見極めることができるのは、一流の経営者だけであり、これをマニュアル化することはできない**からです。

●早大ラグビー部のナチュラル・リーダー

一つの例として、早稲田大学ラグビー部の例でお話ししましょう。

今当社では、彼らと共同であるプロジェクトを起こしています。ITデータを駆使して各人の資質や志向を測定し、コーチの指導方法を支援する組織活性化プログラムです。

すると面白いデータが出てきました。

大学3年生までにレギュラーとしてほとんど公式戦出場がないにもかかわらず、4年生で同期の仲間に推されて主将になったという異色の二人のデータについてです。

まずは、現監督の中竹竜二《なかたけりゅうじ》さんです。彼を分析したら、「従順性」という項目が極端に劣っているデータが出たのです。つまり彼は、**上の人の話を闇雲に聞かない**人間なのです。ビジネスマンであったとしたら、上司から見て素直でかわいいやつとはほど遠いことになります。監督が人の話を一番聞かないというデータが出たと、選手全員の前で発表したら大笑いになりましたが、それにしても不思議なデータでした。

もう一人は清宮克幸《きよみやかつゆき》監督時代のキャプテンだった左京泰明《さきょうやすあき》さん（現シブヤ大学学長）。彼の場合は「内閉性」が高いと出たのです。つまり**内に籠《こも》りがちで、外向的ではない**ので一般的なリーダーのイメージには重なりません。

当然この二人は、同期、先輩、監督に推されるような凄い人格者であることに変わりはありません。監督やキャプテンとして素晴らしい実績も残しています。データと実績の違いを見て、これは一体なんなのだろうと考えました。

二人に共通するのは、データから言っても初対面の印象でも、典型的なリーダーの資質を持った人ではないということです。

二人とも、高校時代から有名選手であったとか下級生の頃からレギュラーだったというわけでもありません。なのに結果的に最上級生になると、仲間やOBに推されて主将になっています。中竹さんの場合は、清宮監督の信頼も厚く監督まで任されているのです。

つまり、見る人が見れば「本物のリーダー」なのです。

これが示すのは、二人が持っているのは、**定量データには計りようがない、「人間の器」**なのではないかということです。

まさにこの二人こそ、ナチュラル・リーダーの典型なのです。

左京さんは、大手商社を退職して、現在シブヤ大学というNPO法人の代表を務めています。理想の社会人教育システム作りに向かって邁進する若きオピニオン・リーダーです。

一方中竹さんは、早稲田大学ラグビー部を単なる大学ラグビーという位置づけではなく、「スポーツと社会の接点、企業CSRとの関係性」で語れるようにしようという非常に高い使命感を持っています。

高い使命感とモチベーションの一方で、二人とも**自己のプライドは極端に低い**のです。ゴールへの戦略をしっかりと持ち、きちんと管理しながら、仲間に対しては権限委譲を思い切って進める。一方でスタッフやメンバーからの批判に対してはとてもオープンのようです。目標と戦略が共有された上での意見であれば、どんどん受け入れる度量があるのでしょう。

実は企業が最も大切にすべきなのは、このようなナチュラル・リーダーの存在です。日常生活でも仲間を裏切らない、他人から相談を受けたらとことん付き合う。そういうことの繰り返しの中で、「彼のためなら」と人がついてくる。

リーダーとなる人間の基礎能力とは、かなり幼少の頃から散見できます。

こういった潜在能力を面接や仕事の中で見極めるところから、次世代後継者の育成は始まるのではないか。

私は最近、そう確信するようになりました。そして、この**見極めができるのもまた、経営者だけ**なのです。

●鉄則●
6
利他的精神は後継者の必須条件

いざというときに逃げない部下を何人持っているか?

経営者の仕事は、綺麗なことばかりではありません。むしろ、費用削減や人件費調整など、経営の根幹に関わる決断そのものが社長の仕事とも言えるでしょう。

こうした仕事は、中小企業であれば通常社長一人が泥水を啜《すす》りながらやるものです。嫌われ役は社長一人が背負うのが一般的だからです。

ところが、**辛い事態になっても、冷静に役割を果たしてくれる役員や参謀**が稀にいます。社長にしてみれば涙が出るほど嬉しい存在でしょうし、他の経営者仲間はとてもうらやましがるはずです。

では、こういう稀《け》有《う》な社員はどういう人なのでしょうか。単なるお人よしや個人的に社長の関係者という場合を除くと、凡《およ》そ彼らの共通点が見えてきます。

まずは役割意識という仕事に対する価値観がしっかりしていて、損得を超えた判断をいつもできる人です。

これは、**組織としてどうあるべきかという自分の損得を超える価値基準を持っていること**の表れで、考えるスケールが並の人とは違います。苦しいときに、他人の評価や自己の希望を抑えて「役割に徹する」ことができる人は、この上なく貴重な人材と言えます。

本来政治家や教師、医師などはこのようなタイプの人がなるべき職業だと思います。

もう一つのパターンは、一度その経営者に惚《ほ》れたら、裏切られない限りどこまでもついていく、というような忠誠心の固まりのようなタイプです。この場合の行動基準は、信頼という絶対的なものになります。宗教集団などはこういう組織かもしれませんし、古い例で恐縮ですが、幕末に新撰組副長として活躍し、最後まで戦った土方歳三《ひじかたとしぞう》などもこういう生き方だったのかもしれません。

どちらのタイプでもいいのですが、みなさんの会社にはこういう社員が何人いるでしょうか。いざというとき、無給でも、社員全員を敵に回してもやるべきことをやってくれる頼もしい人です。

中小企業の場合は、**2、3名いたら上出来**だと思います。それ以上は望んではいけません。先ほども述べましたが、社長にとって会社がかわいいのは当たり前ですが、社員は雇われる立場であり、立ち位置がまったく違うからです。

社員たちにも自分のように会社に尽くせ、というのはそもそも筋違いです。

経営者のみなさんは、こういう社員に対しては格別な思いがあるものです。普段なかなか感謝の意を伝えることができませんが、それが日本の組織の伝統のようなものです。

ただし、対象が女性の場合は、うまくこの気持ちを伝えるようにすべきです。3章で述べたように女性にはやはり「言わなくてもわかっているだろう」ではなく、頼りにしていることをさり気なく伝えることが大切です。

経営者が、**具体的に彼らに気持ちを伝えられるのは、賞与の査定**あたりでしょうか。

信頼感の表し方は「本音を話す」「重要な情報を伝える」などいろいろありますが、一番気持ちが伝わるのは「最も重要な仕事を任せる」ことだと思います。

鉄則 7

新入社員を10~20年かけて育てる

無言の信頼が集まる人であるか

さらに次期経営者候補に必要なのは人間性です。

理屈抜きにして、この人となら一緒に働きたい。この人ならば仕事を安心して任せられる。この人なら、人を差別せず、正しい評価を行い、部下を育ててくれる。

多くの部下からそんな尊敬と信頼を集める人のことです。先ほどお話ししたナチュラル・リーダーにも通じるものがあります。人というものは理屈抜きに、誰か素晴らしい人の下でその人のために頑張りたい、という動物ですから、**リーダーの人間性は仕事の能力を超えてとても大事なもの**になります。

それを採用段階で見抜くのは正直難しいでしょう。ただし見抜き方はシンプルです。今までの生き方を具体的に訊いてください。雑談のようなリラックスした雰囲気で行います。

学生とはいえ、器の大きなナチュラル・リーダーは、それを感じさせる行動を起こしています。子供の頃から自然にガキ大将になったり、毎年クラス委員に選ばれたり、クラブ活動のキャプテンを任されたりしています。いつも周りの人たちが放っておかないという言い方もできるかもしれません。もちろん、大学のサークルのリーダーといった曖昧《あいまい》な事例はダメです。副部長とか、宴会リーダーなんていうのも、まったく当てになりません。

それらの話を聞きながら、彼（彼女）がリーダーシップを発揮しているイメージを感じられれば本物の可能性があります。面接用に創作したポジションであれば、現実性が感じられません。このように、**他人から選ばれる人は、自分の希望や志向を捨てて組織やチーム全体でやるべきことを考えられる**のです。それを自信を持ってメンバーに伝えられる人であり、同時に、違う価値観や考えの人にも聞く耳を持つこともできるのです。

人を見抜くのも、採用するのも経営者の役目です。そもそも社長以外には絶対に見抜けません。

経営者以上の人材が入らないというのは、こういう点から見ても真実なのです。

超Aクラス新人の育て方

大企業の場合は、将来の幹部候補生の採用枠というものが存在します。

新卒採用の最終面接で特Aの評価を得た人をこう呼ぶのですが、採用担当者の使命としては、彼らを絶対に入社させなければなりません。そういう人はもちろん他社との競合になりますが、総力をあげて口説くのです。このように超Aクラスの人材に対しては、**新卒採用の段階で別枠のようなものが用意されている**のです。

そして彼らは入社後も、厳しい上司の下で高い課題を次々に与えて厳しく鍛えます。

若手が一番伸びる環境は、優秀で育成意欲の高い管理職の下で常に120%程度の負荷をかけ続けることです。これは、どんな企業、業態、規模を問わず不変の真理です。

ただ、高い目標を与えるだけであれば誰でもできますが、問題は、困難な課題を前にして取り組む毎日の仕事で、どうやって原理原則を学ばせ、育てていくかということです。

中小企業の場合、やはり社長か信頼のおける幹部の仕事となるでしょう。

また、5年先輩の視点で仕事をすることを常に求め、どんなに忙しくても自分のことはさておいて、**仲間や後輩への時間を優先させなければならない**というようなことも学ばせます。つまり、ナチュラル・リーダーとして早くから幹部としての器を鍛えていくのです。

中小企業の場合、大企業のように専門部署もなければノウハウもないので、しっかりしたプログラムなどなくて当然です。

だから、経営者の仕事なのです。人材育成、それも**幹部候補生の育成は、絶対他人に任せてはいけない分野**です。社内から見ると特別扱いに見えてしまうこともあり、不満や不安も出るでしょうが、そういうことは気にする次元の問題ではないのです。

こうやって人材を見つけ、育てることにも、やはり10年単位で時間は必要だと思います。経営者自身のことを考えても、社会に出て本当の意味で独立するまでやはり10年はかかっているでしょう。その上で、次期後継者のことを意識するまでにまた10年かかっているのです。

だから20代前半の新入社員のうち10人くらいのAクラス社員に目星をつけておいて、10年かけて育てていきます。彼らがやっと戦力になってくるのは35歳前後でしょう。その頃になると何人かは辞めて独立したり、他社に引き抜かれたりしているはずですから、残るのは1人か2人かもしれません。

そこから本格的に幹部教育を始めて、さらに10年かけて機が熟する頃に事業承継のタイミングがやってくる——。次世代経営者育成とは、そんな時間軸の中で行うべきものなのです。自社にとって**優良顧客の管理と同じか、それ以上の情熱と時間をかけて行うだけの価値がある**ものだと、私は考えています。

・鉄則・8 氷河期就職組なら中途でも優秀な人材がいる

原石を見つける楽しみ

1990年後半を境に就職氷河期と言われる時期が10年近くありました。各企業ともに業績が悪く、新卒採用を控えた時代です。この時代に20代だった人たちが、今は30代半ばから後半。ちょうど社会人としての脂が乗ってきた頃だと思います。

彼らの多くは大学卒業時には希望通りの会社に入れませんでした。小さな会社でくすぶっているケースもまま見られます。そういう中から**「これは!」という人を中途採用して、10年かけて次期経営者候補として育てる**というやり方もありだな、と私は思います。

たとえば、私のクライアント先にいる若手管理職のA君。年齢は30代前半です。たまたま彼の仕事ぶりを見る機会があり、これは優秀な人だなと思ったのです。所属している会社はそれほど大きな会社ではないので、なぜこんな人が中小企業に入ったのだろうと興味が湧いたのです。

彼は一流大学を出て、ある一流メーカーに内定を貰《もら》ったのだそうです。ところが入社式に行ってみると、800人が働く工場に案内されて、自分もその駒の一つかと思い、急に働く意欲がなくなったと言います。その場で「辞めます」と言って、今の会社に入ってきたのですが、とても優秀です。人格的には多少尖《とが》っていますが、社長が上手に彼のよさを活かして機会を与え続けたために、将来の幹部として育ってきました。

彼の場合、恐らく大企業には合わなかったのだと思います。もっと言えば、**彼の器を見抜いて磨けた社長がいたからこそ、才能を開花できた**のだと思います。

この会社は全国展開している商社ですが、このようなヤンチャで魅力的な幹部が揃い、この不景気の中でも高い業績を上げ続けています。

実際の採用は最初からそこまで厳密にやっているわけではないでしょうし、その陰では残念ながら会社を辞める人も相当数いることも事実です。

しかし、A君のような原石を見つけたら遊ばせず磨きをかけ続け、幹部まで育て上げる力は侮れないものがあります。

氷河期世代に狙いをつけて中途採用をしてみると、こういう人に出会うことがあります。

もちろん働いてみて初めてわかる才能でもあるのですが、こういう社員を10年かけて後継者教育するのも、企業経営の醍醐味ではないでしょうか。

景気がいいときは、こういう人材は黙っていても大企業に採られていくものです。大企業が大量採用しているのですから、確率的にも中小企業に廻ってくるのは難しいのは当然です。

ところが昨今のような不況になると、状況は逆転します。大企業が採用に及び腰になった今こそ、中小企業にとっては採用のチャンス。新卒採用でも中途採用でも、**これという人と出会ったら採用して育成してみるべき**です。

ただし、こういう世代の中途採用は、一定期間が過ぎてその才能が発揮できないようなら離職もやむをえないと考えるべきでしょう。つまり新卒採用に比べれば、当たり外れが大きいのです。そういう前提で行うべきです。

・鉄則・9

経営者目線を徹底的に叩き込め

●将来の「見える」幹部育成プログラム

次世代幹部育成の一環として、当社では、複数のクライアントに経営幹部育成プログラムを提供しています。

それは、**経営者が選抜した若手社員を中心に、後継者育成の厳しいセッションを始める**というものです。

最初に課したのは、「1年後のチームの姿を想像しなさい」というイメージトレーニングです。自分のチームの1年後の姿を描くことを最初のテーマとするのです。

経営幹部になるためには、「現在の状況から物事を考える」ことをやめて、「将来こうあるべきだから今こういうことをやるべき」という戦略思考へのマインドチェンジが必須です。

そして、1年後の姿が描けたら、次はそこに至るステップを検討させます。

こういう仕事の仕方を教えていくと、チームの将来への道筋が見えてきます。そして将来の理想に向かって、今何をやらないといけないのか、という考え方に変わっていくのです。1年後の理想像を描いて、そこから半年後、3カ月後、1カ月後とやるべきことを落とし込んでいきます。

このトレーニングを続けると、1年後の理想に向かって、今の状況は一見いいようにも見えるけれど実は問題だらけだとか、これは早めに手を打たないといけない、という課題が見えてきます。これが課題発見のプロセスです。

一見うまくいっている現状の中から解決すべき課題を見つける、というのは大変高度な仕事であり、身につけるのには時間がかかります。このトレーニングは、**優秀な仲間を全社横断的に集めて行うと効果的**です。なぜならば、自分たちの会社の将来を考え抜き、議論することで、お互いが刺激を受け、チームワークができるからです。

現場の中心メンバーである彼らは、毎日忙しく時間に追われ、会社全体のことを検討する機会などほとんどないのが現状です。とことん考え抜くことの喜びと、強固なチームワークを若手の頃から作ることは、将来にとっての大きな投資です。

そういう将来の「見える」社員が社内で増えれば、次期経営者候補の育成だけでなく立派な組織力の向上に繋がるのですから、一石二鳥です。

経営者自身が行き当たりばったりで経営していたら話になりませんが、こういう**先を読む訓練は、将来の経営者には必要不可欠な要素**です。

鉄則10

調整型と攻め型、二人の幹部に任せる方法も

得意な力を最大限引き出す

次期経営者候補像を考えるときに、創業者はどうしても自分の若い頃に近い「攻め上手」な人を選びたがるものです。

けれどその業界の状況や景気の動向いかんで、ここ10年間は我慢の経営に徹するべきだと思ったら、逆に「守り上手」の人材を選んだほうがいいケースもあります。

つまり、トップには極めて農耕型の調整役のタイプの人間を置いて、ナンバー2にいけいけどんどんの狩猟型を持ってくるのです。

これが逆転してしまうと暴走してしまうかもしれませんが、このスタイルなら、ある程度組織のバランスがとれます。

そもそも創業オーナーは、自分一人でアクセルとブレーキを踏み分けているものです。半ば直感で踏み替えながら経営しているのですが、**同じやり方を2代目に期待しても難し**

いことが多いのです。創業者と継承者は、それほど違うものなのです。ならば、アクセルとブレーキの役割を二人に割り振って、得意なほうで活躍してもらいましょう。そして二人のバランスをとるのです。社内にそうした人材がいることが前提になりますが、そういうやり方も充分検討に値するでしょう。

いずれにしても、後継者教育というものは、経営者にしかできません。同時に、決まった方法やこれといったノウハウも存在しません。

その意味でも、**立派な後継者候補が育つことは経営者冥利に尽きる**というものです。

人事戦略を考える上でも最重要項目に位置づけて、10年単位で行うこの大きな仕事を今日からでも始めてみませんか。

おわりに
～成長する中小企業の組織は「生き物」である～

私には、経営者として毎年行っていることがあります。それは組織診断システムを使って、スタッフの能力、適性、志向、モチベーション状態の測定や満足度調査を実施することです。

組織の診断を、いわば決算書のバランスシートのように表現し、それを過去数年のデータと比較してみると、組織の進化がよく見えてきます。

私自身、社会の変化に対応すべく経営の舵取りに必死の毎日であり、いまだに多くの失敗をし、数多くの挫折感との戦いの日々です。とはいえ理念とビジョンがぶれないことと、マネジメントチームが愚直に人事に向き合うことで、中小企業であっても組織は進化するものなのだ、と確信しています。

これまでの経営者経験から学んだことを、社長人事学としてまとめると、次の通りです。

・人事は理念の具現化であり、3年単位でしか評価できない気の長い仕事である。
・幹部登用や管理職育成や採用レベルの向上を急いではいけない。
・社長も部長も新人もすべて「会社の中の役割」なので、社員にそれ以上のことを強要してはいけない。特に時間や生活の場は最も尊重すべきである。
・人事の失敗はすべて社長が背負い、成功は一人静かに喜ぶべきことだ。

経営者としてはまだまだ未熟な私が現時点で感じていることをまとめてみましたが、いかがだったでしょうか。私自身、日々学び、進化し、さらに中小企業の人事を極めていきたいと思います。

最後になりましたが、本書出版にあたり、お世話になりました幻冬舎の前田香織さん、ザ・バザールの神山典士さんに改めて御礼を申し上げます。

同時に苦しい経済環境の中、一緒に汗をかいてくれている当社のスタッフに日頃の感謝の言葉を述べ、筆をおきたいと思います。

2009年11月

樋口弘和

樋口弘和（ひぐち・ひろかず）

株式会社トライアンフ代表取締役。1958年、東京都生まれ。早稲田大学卒業後、横河ヒューレット・パッカード（現日本ヒューレット・パッカード）に入社。以後20年近くにわたり、採用、教育、給与システムなどの人事部門に勤務し、コンピュータ事業部の人事部門を統括。米国本社でキャリア採用の現場やダイバーシティ、ワーク・ライフ・バランスといった最先端の人事を学ぶ機会に恵まれる。98年、人事・採用のアウトソーシングとコンサルティングを手掛ける「トライアンフ」を設立。「自社で実験すること」にこだわり、検証されたものだけをクライアントに提案しようという姿勢のもと、自らも中小企業の経営者として採用、定着、育成に関して日々実践を重ねている。年間約80本の講演、取材、執筆活動に東奔西走の日々を送る。著書に『新入社員はなぜ「期待はずれ」なのか』（光文社新書）、『やめさせない！採用』（講談社）などがある。

●株式会社トライアンフ　http://www.triumph98.com/
●樋口弘和ブログ　http://higuchi.triumph98.net/

社長の人事でつぶれる会社、伸びる会社
2009年11月25日 第1刷発行

著　者　樋口弘和
発行人　見城 徹
編集人　福島広司

発行所　株式会社 幻冬舎
〒151-0051 東京都渋谷区千駄ヶ谷4-9-7

電話:03(5411)6211(編集)
03(5411)6222(営業)
振替:00120-8-767643
印刷・製本所:中央精版印刷株式会社

検印廃止

Printed in Japan
ISBN978-4-344-01758-0 C0095
幻冬舎ホームページアドレス　http://www.gentosha.co.jp/

この本に関するご意見・ご感想をメールでお寄せいただく場合は、
comment@gentosha.co.jpまで。